essentials

Essentials liefern aktuelles Wissen in konzentrierter Form. Die Essenz dessen, worauf es als „State-of-the-Art" in der gegenwärtigen Fachdiskussion oder in der Praxis ankommt. Essentials informieren schnell, unkompliziert und verständlich.

- als Einführung in ein aktuelles Thema aus Ihrem Fachgebiet
- als Einstieg in ein für Sie noch unbekanntes Themenfeld
- als Einblick, um zum Thema mitreden zu können.

Die Bücher in elektronischer und gedruckter Form bringen das Expertenwissen von Springer-Fachautoren kompakt zur Darstellung. Sie sind besonders für die Nutzung als eBook auf Tablet-PCs, eBook-Readern und Smartphones geeignet.

Essentials: Wissensbausteine aus Wirtschaft und Gesellschaft, Medizin, Psychologie und Gesundheitsberufen, Technik und Naturwissenschaften. Von renommierten Autoren der Verlagsmarken Springer Gabler, Springer VS, Springer Medizin, Springer Spektrum, Springer Vieweg und Springer Psychologie.

Ralf T. Kreutzer · Wolfgang Merkle

Ausgewählte Aspekte des Digital Branding

Handlungskonzepte für die digitale Markenführung

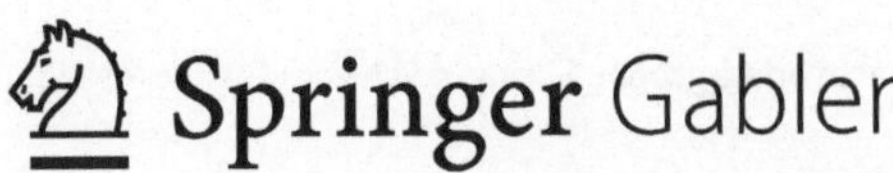

Ralf T. Kreutzer
HWR Berlin
Berlin, Deutschland

Wolfgang Merkle
MerCon – Brand | Design | Distribution | Operation | People
Hamburg, Deutschland

ISSN 2197-6708
essentials
ISBN 978-3-658-09209-2
DOI 10.1007/978-3-658-09210-8

ISSN 2197-6716 (electronic)

ISBN 978-3-658-09210-8 (eBook)

Die Deutsche Nationalbibliothek verzeichnet diese Publikation in der Deutschen Nationalbibliografie; detaillierte bibliografische Daten sind im Internet über http://dnb.d-nb.de abrufbar.

Springer Gabler

Gedruckt auf säurefreiem und chlorfrei gebleichtem Papier

Springer Fachmedien Wiesbaden ist Teil der Fachverlagsgruppe Springer Science+Business Media
(www.springer.com)

Was Sie in diesem Essential finden können

- Die Darstellung der Bedeutung von digitalen Marken und der Relevanz der digitalen Markenführung.
- Die Erklärung des Selbstselektionseffektes in Bezug auf den positiven Zusammenhang zwischen Social-Media-Aktivität und generierten Umsätzen auf Einzelkundenbasis.
- Die Erläuterung, warum die Verantwortung der Markenführung bei den internen Stakeholdern bleiben sollte, wobei Anregungen, Wünsche und Ideen seitens der aktiven Community durchaus Beachtung finden können und sollen.
- Die sechs Gestaltungsfelder in Bezug auf die Ausgestaltung der digitalen Markenführung, mit der „Relevanz" als zentralem Baustein.
- Einen Einblick in die (noch) mangelhafte organisatorische Verankerung des Social-Media-Marketings in deutschen Unternehmen und Tipps, wie diese verbessert werden kann und muss.

Vorwort

Dieser Beitrag fließt ein in das Werk „Digitale Markenführung – Digital Branding – Konzeption einer integrierten Markenführung".

Dieses Essential befasst sich im Speziellen mit der Kennzeichnung und Ausgestaltung der digitalen Markenführung, wobei auf sechs unterschiedliche Gestaltungsfelder vertieft eingegangen wird.

Inhaltsverzeichnis

Einleitung

Im ersten Kapitel wird der Handlungshintergrund für die digitale Markenführung anhand von einleuchtenden Beispielen erläutert. Im zweiten Kapitel wird darauf aufbauend erklärt, welche Faktoren eine digitale Markenführung kennzeichnen und wie sich diese von der im „vordigitalen" Zeitalter unterscheidet. Im dritten Kapitel wird dargestellt, welche Gestaltungsfelder bei der digitalen Markenführung besonders wichtig sind, welche außerdem durch relevante Beispiele aus der Praxis untermauert werden. Im letzten Kapitel wird zusammenfassend erklärt, wie die digitale Markenführung in das Unternehmen eingebunden werden kann, um ein Gesamtbild der Marke entstehen zu lassen.

© Springer Fachmedien Wiesbaden 2015
R. T. Kreutzer, W. Merkle, *Ausgewählte Aspekte des Digital Branding*, essentials,
DOI 10.1007/978-3-658-09210-8_1

Handlungshintergrund für die digitale Markenführung

2

2013 waren zwei Marken weltweit die mit Abstand wertvollsten – und beide sind nicht nur Inbegriff für Technologie, sondern auch für die digitalisierte Welt selbst: *Apple* und *Google* (vgl. Interbrand 2014a). Dieses Ergebnis verdeutlicht die **Bedeutung von digitalen Marken** und die **Wichtigkeit der digitalen Markenführung.** In den Vorjahren war noch *Coca-Cola* die wertvollste globale Marke und ist nun auf Platz drei verdrängt worden (vgl. Interbrand 2014b). Die Verschiebung von langjährigen Markenpräferenzen ist auch deshalb überraschend, weil *Coca-Cola* heute bereits über mehr als 80 Mio. *Facebook*-Fans verfügt – und damit nach *Facebook* die Marke mit den meisten Fans in diesem sozialen Netzwerk ist. Außerdem verfügt *Coca-Cola* über zwei Millionen *Twitter*-Follower (vgl. Fan Page List 2014) und hat ca. vier Millionen *YouTube*-Views erzielt.

Vor dem Hintergrund dieser Zahlen berichtet *Eric Schmidt,* Senior Manager Marketing Strategy and Insights bei *Coca-Cola,* das Folgende: Wenn die Daten bzgl. **Online-Buzz** mit den gleichen Metriken ausgewertet werden wie andere digitale Medien, gilt: „We didn't see any statistically significant relationship between our buzz and our short-term sales … At most, social media buzz only impacted sales by a factor of 0.01 %" (McKendrick 2013). Wie wird ein solches Ergebnis bei *Coca-Cola* selbst bewertet? Warum ist das Unternehmen überhaupt in den sozialen Medien aktiv, wenn keinerlei Auswirkungen auf das „große Ziel" des Unternehmens – den **Verkauf** – gesehen werden? Hierzu heißt es aus dem Hause *Coca-Cola,* dass keine Aktivitäten einseitig auf die sozialen Medien, TV oder den mobilen Kanal ausgerichtet sind. Es gehe vielmehr um eine bestmögliche **Kombination der verschiedenen Kanäle und Inhalte.** Dabei werden die sozialen Medien bei *Coca-Cola* primär zur **Aktivierung der Kunden** eingesetzt (vgl.

© Springer Fachmedien Wiesbaden 2015
R. T. Kreutzer, W. Merkle, *Ausgewählte Aspekte des Digital Branding,* essentials,
DOI 10.1007/978-3-658-09210-8_2

McKendrick 2013). Man versucht hier, einen „Verkauf über Bande" zu erreichen. Dennoch mag dieses Ergebnis angesichts des in vielen Unternehmen anzutreffenden **Social-Media-Hypes** überraschen!

Eine aktuelle Studie der *Universität St. Gallen* unterstreicht die Notwendigkeit, den **Return on Social Media** zu messen. In einer Online-Studie (März bis Mai 2013) unter 186 deutschen Social Media Executives wurde ermittelt, dass zwei Drittel der Befragten ihren Online-Buzz nicht durch finanzielle KPIs bewerten und diesen deshalb auch nicht ausreichend zielorientiert gestalten können (vgl. Statista 2014). Eine Studie, durchgeführt von Forschern der *Aalto University* (Finnland), der *University at Buffalo* und der *Texas A&M University,* postuliert einen positiven **Zusammenhang** zwischen der **Social-Media-Aktivität** von Unternehmen und generierten **Umsätzen auf Einzelkundenbasis.** Durch die Stärkung der Kundenbeziehung auf der Basis eines Customer Relationship Managements werden nach dieser Studie im Durchschnitt rund 6 % mehr Umsatz pro Kunde bei denjenigen realisiert, die durch die sozialen Medien angesprochen werden (vgl. Lassy 2013). Eine bereits im Juni 2010 veröffentlichte Studie des Online-Panels *Syncapse* mit mehr als 4.000 Nord-Amerikanern zeigt, dass Fans von Marken auf *Facebook* im Durchschnitt rund US $ 72 mehr für Produkte der entsprechenden Marken pro Jahr ausgeben als Nicht-Fans. Im Falle von *Coca-Cola* gaben *Facebook*-Fans pro Jahr rund US $ 190 für *Coca-Cola*-Produkte aus, wohingegen Nicht-Fans nur rund US $ 121 ausgaben. Zusätzlich zeigt die Studie, dass Fans von Marken auf *Facebook* im Durchschnitt deutlich eher dazu bereit sind (zu 41 % mehr), „gelikte" Marken Freunden zu empfehlen und die entsprechende Marke weiterhin nachzufragen und zu nutzen (28 % mehr; vgl. Syncapse 2010, S. 4, 7). Eine neuere Auflage der Studie aus dem Jahr 2013 zeigt, dass der Wert von *Facebook*-Fans sogar weiter angestiegen ist, wodurch die zunehmenden Investitionen von Unternehmen in Social Media womöglich gerechtfertigt werden können (vgl. Syncapse 2013).

Eine Frage bleibt bei dieser Studie allerdings unberücksichtigt: **Was ist Ursache und was ist Wirkung?** Ist der höhere Umsatz (bspw. von *Facebook*-Fans bei der Marke *Coca-Cola*) darauf zurückzuführen, dass sich diese über *Facebook* gut betreut fühlen und deshalb mehr kaufen? Oder werden nur diejenigen *Facebook*-Fans, die bereits eine hohe Affinität zu *Coca-Cola* aufweisen – und deshalb schon vor der „Fan-Werdung" einen höheren Umsatz als andere Kunden tätigen? Die Forschung zum Thema „Kundenbindungssysteme" weist immer wieder auf diesen **Selbstselektionseffekt** hin (vgl. Kreutzer 2009, S. 234). Dieser besagt nichts anderes, als dass Unterschiede im Profil und im Kaufverhalten häufig die **Ursache** – hier für die Fan-Werdung, dort für die Teilnahme an einem Kundenbindungsprogramm – sein können und **nicht die Folge der entsprechenden Betreuung** darstellen müssen.

Trotz dieser Unsicherheit bei der Erfolgszurechnung muss eines festgestellt werden: Die **Anforderungen an die Markenführung im digitalen Zeitalter** haben sich massiv verändert. Während in den 1980er Jahren pro Tag noch 700 Werbebotschaften um die Aufmerksamkeit der Kunden rangen, sind es heute schon zwischen 8.000 und 12.000 Botschaften. Die Bandbreite der entsprechenden Schätzung ist dabei sehr groß. Zusätzlich dokumentiert ein Blick auf die **Kommunikationsdynamik in den Online-Kanälen** sehr eindrucksvoll, welche zusätzliche **Aufmerksamkeits- und Informationskonkurrenz** heute besteht. Wie Abb. 2.1 zeigt, werden innerhalb von 60 Sekunden bei *Google* zwei Millionen Suchanfragen gestellt, bei *YouTube* 72 Stunden Video-Content geladen, bei *Facebook* 1,8 Mio. Likes und 41.000 Posts gesetzt, bei *Twitter* 278.000 Tweets eingestellt, 70 neue Domains registriert usw. Die Liste lässt sich beliebig fortsetzen, ohne dass die beeindruckenden Zahlen abnehmen würden.

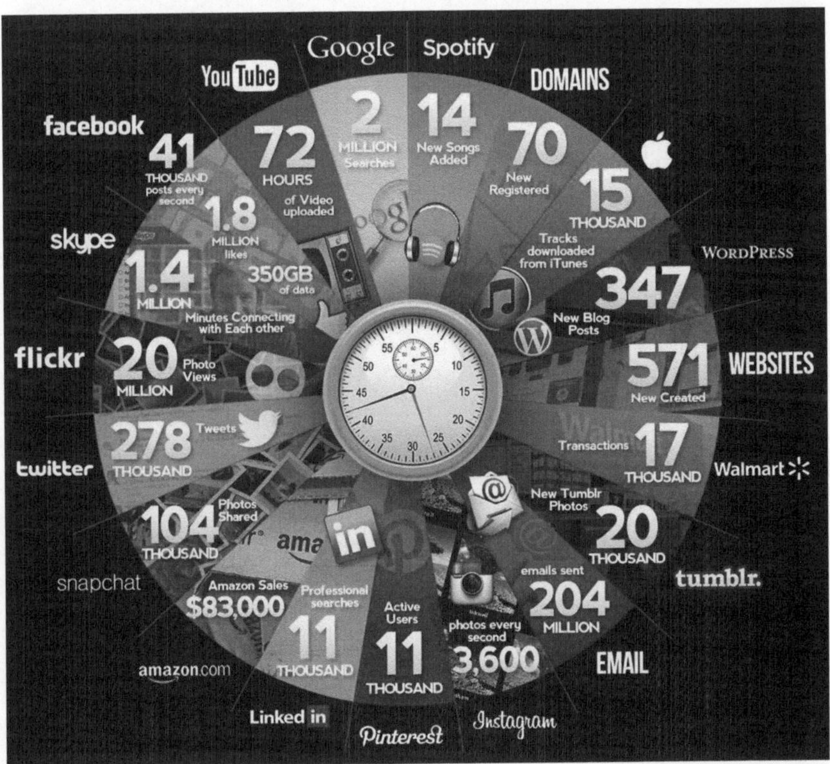

Abb. 2.1 Informationskonkurrenz in zentralen Online-Medien in 60 Sekunden. (Quelle: Qmee 2013)

Die große Fragestellung lautet: Wie kann **Aufmerksamkeit in der relevanten Zielgruppe** sichergestellt und ggf. sogar eine **Beschäftigung mit der eigenen Marke** erreicht werden? Da die Anzahl der Werbeformen und der verfügbaren Kanäle täglich wächst und sich die Werbelandschaft damit weiter fragmentiert, ist eine **Orientierung für die digitale Markenführung** gefordert.

Das bedeutet: Auch wenn weiterhin unklar bleibt, in welchem Umfang ein Engagement in den sozialen Medien kurz- oder langfristig den Umsatz treibt, muss zwingend die **Frage der digitalen Markenführung** als zentrale Herausforderung angegangen werden. Denn es gilt: Unsere Kunden bilden sich ihre Meinung über unsere Marke – unabhängig davon, ob wir eine **digitale Markenstrategie** haben oder nicht! Diese Herausforderung ist insb. dann anzugehen, wenn – wie geboten – die **Marke als Wertschöpfungstreiber** für das Unternehmen verstanden wird (vgl. Baumgarth 2008, S. 25 f.).

Kennzeichnung der digitalen Markenführung 3

Die Kernaufgaben der Markenführung bleiben auch bei der Einbindung von digitalen Plattformen erhalten. Allerdings haben sich die Erfolgsparameter deutlich verschoben. Das **klassische Konzept der Markenführung im „vordigitalen" Zeitalter** findet sich in Abb. 3.1. Die Aufgabe der internen Stakeholder (Management und Mitarbeiter) bestand darin, die **Brand Identity** zu definieren und diese über das Konzept der 5 Ps in den Markt hineinzutragen. Das dort zu schaffende **Brand Image** in den Augen der externen Stakeholder (insb. der Kunden, aber auch bei Investoren und Vertriebspartnern) sollte der Brand Identity möglichst nahe kommen.

Die Situation hat sich jetzt grundlegend gewandelt, wie Abb. 3.2 deutlich macht. Bei der **Markenführung im „digitalen" Zeitalter** sind die externen Stakeholder nicht mehr auf die reine Rezeption, d. h. die Aufnahme und Verarbeitung der über die 5 Ps übermittelten Botschaften, beschränkt. Die digitalen Medien bieten den Stakeholdern – und hier insb. den Kunden – eine Vielzahl von Plattformen für eigene **markenbezogene Maßnahmen,** die unabhängig vom Unternehmen erfolgen und das Brand Image massiv mitgestalten und mitprägen. Dieser sogenannte User-Generated-Content erfolgt über Likes, Comments, Shares, Tweets, durch Bewertungen auf den entsprechenden Plattformen (bspw. *Yelp*, *HolidayCheck*), aber auch über anspruchsvollere Kreationen auf *YouTube*, *Vimeo*, *Flickr*, *Instagram* oder *Pinterest* oder durch Aktivitäten in (kundeneigenen) Blogs oder Communities.

Unabhängig davon, ob das den Unternehmen gefällt oder nicht: **Marken werden zu sozialen Systemen,** an deren Erscheinungsbild – dem Brand Image – externe Stakeholder massiv mitwirken können. Diese Mitwirkung kann dabei ambivalent ausfallen – zum Wohle oder zum Schaden der Marke! Eines bleibt jedoch gewiss: Die **Machtverhältnisse bei der Markenführung** haben sich signifikant

© Springer Fachmedien Wiesbaden 2015
R. T. Kreutzer, W. Merkle, *Ausgewählte Aspekte des Digital Branding*, essentials,
DOI 10.1007/978-3-658-09210-8_3

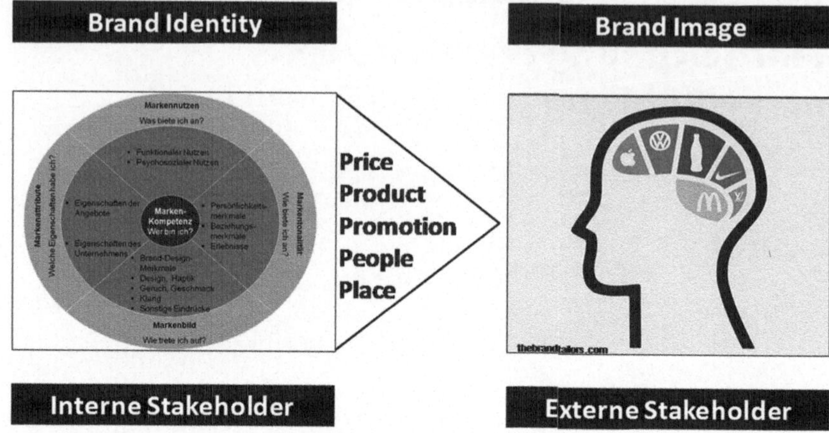

Abb. 3.1 Markenführung im „vordigitalen" Zeitalter

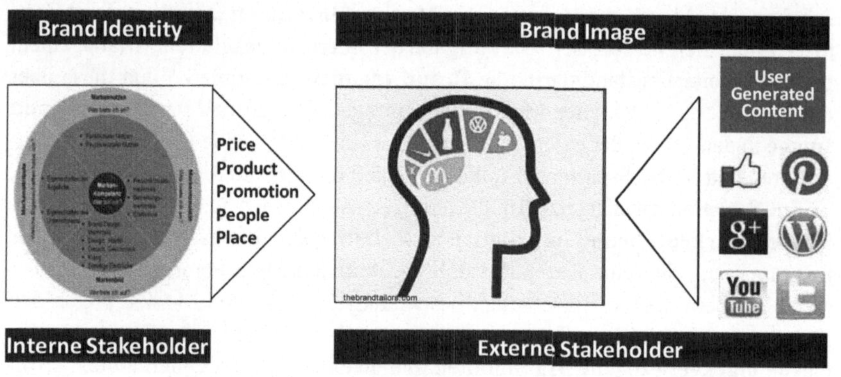

Abb. 3.2 Markenführung im „digitalen" Zeitalter

verschoben! Heute kann schon festgestellt werden: Der Anteil an der Markenkommunikation, die vom Unternehmen selbst stammt, umfasst häufig nur noch 20 bis 30 % der insgesamt vorhandenen Kommunikation. Die große Mehrheit der Beiträge über Marken stammt heute von den Nutzern selbst!

Dabei gilt es zu berücksichtigen:

▶ **Eine Marke wirkt immer nur in ihrer Gesamtheit!** In diesem Kontext stößt man immer wieder auf Zitate wie dieses: „Marke ist, was die Kunden über die Marke sagen, und nicht das, was Marketer beschließen, dass die Marke ist." Weitere Aussagen lauten: „Marketer müssen sich von dem Gedanken verabschieden, dass sie eine Marke steuern oder führen oder inszenieren können" (Hermes 2011, S. 36) – oder auch: „Das macht digitale Kanäle zum Mekka der Marktforschung: Diktieren Sie kein in Stein gemeißeltes Marken-Image, definieren Sie es gemeinsam mit Ihren Nutzern" (Mattgey 2013). Eine Orientierung an diesen Aussagen würde u. E. eine **Resignation vor der Masse** und den **Verzicht auf eine Markenführung durch das Brand-Management** darstellen. Die kann und darf nicht im Interesse der Unternehmen liegen.

Die **Verantwortung für die Markenführung** insgesamt sollte und muss u. E. bei den internen Stakeholdern bleiben. Diese sind für eine langfristige und werthaltige Entwicklung der Marke verantwortlich – und dürfen diese Verantwortung nicht an „die Masse" abgeben. Viel zu häufig wurde in der Vergangenheit schon sichtbar, dass sich die Masse schnell anderen Marken zuwendet oder Ideen zur kreativen Markenführung präsentiert, die den Anforderungen von gestern diametral gegenüber stehen. Dies bedeutet allerdings nicht, dass **Anregungen, Wünsche und Ideen der aktiven Brand-Community** im Prozess der Markenführung keine Beachtung finden können und sollten. Nur die Letztentscheidung bleibt auch im „digitalen" Zeitalter den Unternehmensvertretern vorbehalten.

Deshalb darf auch die Verantwortung für Innovationen nicht auf die „(digitale) Fußgängerzone" oder auf eine (anonyme) Masse verlagern werden. Es ist empfehlenswert, die Masse durch ein **Crowd-Sourcing** in Überlegungen und Entscheidungsprozesse einzubeziehen. Aber die Verantwortlichkeit für die finalen Entscheidungen dürfen die Manager nicht abgeben. **Mut zur Innovation** bleibt nach wie vor eine Kernaufgabe der Markenführung. „Das perfekt vermarktbare Produkt braucht Menschen mit unternehmerischem Mut, die ihre Entscheidungen nicht alleine an Marktforschung und Einsparungsmöglichkeiten ausrichten. Sie müssen die Kraft haben, ihren Visionen und Vorstellungen treu zu bleiben, auch wenn vieles erst einmal dagegen spricht" (Mayer-Johannsen 2007, S. 25 f.).

Und natürlich tun Unternehmen gut daran, die Kunden zur **Schaffung von (positivem) User-Generated-Content** zu motivieren. Dies kann die einfache Aufforderung zu einem Like sein, aber auch die Anregung, Bewertungen über die eigenen Leistungen zu verfassen, an Kreativprozessen teilzunehmen oder Ideen der Nutzer oder der Unternehmen selbst zu bewerten.

Vor diesem Hintergrund kann die **digitale Markenführung** definiert werden als Prozess der emotionalen Aufladung einer Marke sowie der Kommunikation zentraler Nutzenelemente einer Marke zur Erreichung einer Differenzierung im Wettbewerb durch den Einsatz digitaler Medien bei gleichzeitiger (partieller) Einbindung relevanter Stakeholder (insb. der Kunden). Sie kann also als integraler Bestandteil eines ganzheitlichen Markenführungsansatzes verstanden werden. Gerade der letzte Satz ist zu betonen, da noch zu häufig die Online- und Offline-Aktivitäten der Markenführung nicht bereits in der Konzeptionsphase integriert werden – sondern oft erst in der Wahrnehmung der Kunden, und damit deutlich zu spät.

Ausgestaltung der digitalen Markenführung 4

Zur **Kommunikation der emotionalen und der rationalen Nutzenelemente einer Marke** stellen die Online-Kanäle interessante Möglichkeiten zur Verfügung. Abb. 4.1 zeigt, welche (zusätzlichen) Gestaltungsfelder bei der digitalen Markenführung eingesetzt werden können. Im Mittelpunkt steht die große Anforderung „**Relevanz**". Ohne eine Ausrichtung der gesamten Markenführung an den – häufig auch unausgesprochenen – Erwartungen der Empfänger werden die gewünschten Erfolge nicht erreicht werden. Dabei gilt: Das Internet spielt seine Stärke immer dann aus, „… wenn es Menschen das Leben einfacher macht, drängende Fragen beantwortet, schnell und individuell. Die Verbraucher wollen keine Anzeigen – sie wollen Antworten" (Löhr 2014a, S. 15).

4.1 Gestaltungsfeld „Unabhängigkeit von Zeit und Raum"

Das Kriterium **Unabhängigkeit von Zeit und Raum** (vgl. Abb. 4.1) heißt, dass markenbezogene Inhalte durch die Nutzer zu jedem Zeitpunkt und von jedem gewünschten Ort abgerufen werden können. Dies bedeutet an allererster Stelle, dass Unternehmen eine gute Position auf den Ergebnisseiten der Suchmaschinen erreichen – in Deutschland primär bei *Google!* Die Gesamtheit des Wissens um die **Suchmaschinen-Optimierung** (SEO) stellt eine zentrale Voraussetzung für eine erfolgreiche digitale Markenführung dar (vgl. vertiefend zu SEO Kreutzer 2014, S. 250–285). Man kann mit Recht behaupten:

© Springer Fachmedien Wiesbaden 2015
R. T. Kreutzer, W. Merkle, *Ausgewählte Aspekte des Digital Branding*, essentials,
DOI 10.1007/978-3-658-09210-8_4

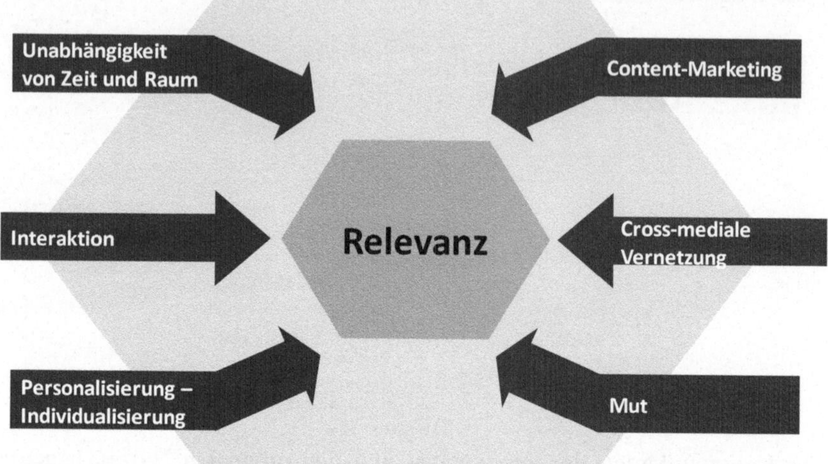

Abb. 4.1 Gestaltungsmöglichkeiten der digitalen Markenführung

▶ Ein gutes Google-Ranking stellt einen zentralen Eckpfeiler der digitalen Markenführung dar. Hierfür hat sich der Begriff „Findability" eingebürgert!

Und Unternehmen tun gut daran, ihre Inhalte auf Findability vorzubereiten. Da immer mehr Menschen mobil auf das Internet zugreifen, erfordert dies von Unternehmen, ihre Inhalte für den mobilen Zugriff vorzubereiten. Allerdings stößt man beim mobilen Surfen immer noch auf zu viele Marken-Angebote, die dafür nicht vorbereitet sind. Eine Analyse von 300 Websites durch *Infopark* hat ergeben, dass 80 % der Online-Inhalte nicht für eine mobile Ausspielung vorbereitet sind (vgl. Völker 2014). Die Aufgabenstellung lautet hier: Umsetzung eines **„responsive Designs",** damit sich die Online-Inhalte den Darstellungsmöglichkeiten des jeweiligen Endgerätes optimal anpassen. Eine Orientierung an der Forderung **„Mobile first"** i. S. einer Ausrichtung der Online-Inhalte an der mobilen Nutzungssituation wird weiter an Bedeutung gewinnen. Einen „räumlichen" Bezug erhalten die Angebote zusätzlich durch **Location-Based-Services.** Diese werden möglich, wenn die Nutzer – bspw. beim Download von Apps – ihre Permission zur Verwendung des jeweiligen Standorts geben. Dann werden maßgeschneiderte Informationen (bspw. Coupons oder Hinweise auf eine Produktpräsentation im unmittelbaren Umkreis) möglich, soweit auch die Permission für **Push-Nachrichten** gewonnen wurde.

4.2 Gestaltungsfeld „Interaktion"

Eine weitere wichtige Gestaltungsmöglichkeit liegt in den online verfügbaren Möglichkeiten zur **Interaktion mit den Nutzern**. Konzepte des Dialog-Marketings waren auch in der Vergangenheit schon auf Interaktionen und damit einen Dialog ausgerichtet (vgl. vertiefend Kreutzer 2009). Aber erst die Online-Plattformen ermöglichen einen solchen Dialog mit einer großen Zahl von Nutzern – und das in Realtime! Das Interesse an einer solchen Interaktion setzt dann aber in den Unternehmen auch die Bereitschaft voraus, Budget, Personal und Kreativität für einen wertschöpfenden Dialog bereitzustellen. Außerdem erlauben die digitalen Plattformen in hohem Maße die **Interaktion zwischen den Nutzern** selbst, wodurch die digitale Markenführung ihre „soziale" Komponente erhält. Das **Beziehungsmanagement** wird folglich zum wichtigen Bestandteil der (digitalen) Markenführung.

Das bedeutet, dass man sich bei der digitalen Markenführung zunächst eines vor Augen führen sollte: Im Kern geht es innerhalb der sozialen Medien zunächst um eine **Interaktion zwischen Internet-Nutzern** – verbunden mit dem **Austausch von Informationen und User-Generated-Content**. Der Großteil dieser Kommunikation findet dabei ausschließlich zwischen Privatpersonen statt. Erst nachgelagert geht es um den Austausch zwischen Privatpersonen und Unternehmen. Hierdurch entstehen zum einen **soziale Beziehungen zwischen den Nutzern,** die sich auf gleicher hierarchischer Ebene begegnen. Dies gilt hier auch für die Begegnung zwischen ganz „normalen Kunden" und Unternehmen; auch dabei wird ein **Austausch auf Augenhöhe** erwartet. Zum anderen bilden sich in den sozialen Medien **Meinungsführer-Meinungsfolger-Beziehungen** heraus, die sich im gemeinsamen Erstellen, Weiterentwickeln und Distribuieren von Inhalten bspw. über Blogs, Communitys sowie über *Twitter* konkretisieren (vgl. Baumgarth 2008, S. 104).

Digitale Meinungsführer, die als Power-Blogger, Twitterer, Organisatoren von Online-Communitys und/oder als Betreiber von eigenen *YouTube*-Channels auftreten, gilt es für die eigenen Marken zu identifizieren und idealerweise kommunikativ „einzubinden". Die Anzahl derartiger Multiplikatoren sowie die Anzahl deren jeweiliger „Follower" stellen weitere wichtige **Social-Media-KPIs** dar. Ein Beispiel für eine digitale Meinungsführerin ist die 21-jährige Power-Bloggerin *Danielle Bernstein,* welche mehr als 93.000 Follower über *Instagram, Twitter, Facebook* und *Pinterest* hat (vgl. Facebook 2014; Instagram 2014; Pinterest 2014; Twitter 2014). Sie und ihr Fashion-Blog *weworewhat.com* sind bereits so bekannt und für die Mode-Industrie relevant geworden, dass die Bloggerin regelmäßig gesponsert wird (vgl. Storey 2013). Dabei gilt es, bei der Einbindung dieser digitalen Meinungsführer deren Regeln zu berücksichtigen. Diese sehen häufig eine deutliche Distanz zum Unternehmen vor; verbunden mit einer mehr oder weniger ausgeprägten Abneigung, sich von diesen „kaufen" zu lassen, bspw. durch die Einladung zu Events oder die kostenlose Versorgung mit Produkten (bspw. bei Mode, Handys). Schließlich basiert die Glaubwürdigkeit der digitalen Meinungsführer auf ihrer Unabhängigkeit von Unternehmen. Gleichwohl sollen Unternehmen versuchen, diese Personen als **Marken-Botschafter** bzw. **Brand Ambassadors** zu gewinnen und zu „betreuen", um diese so in die Kommunikation einzubinden.

Jedes Unternehmen tut gut daran, weitere KPIs für die sozialen Medien zu definieren und regelmäßig zu monitoren. Dieses **Social-Media-Dashboard** sollte u. a. die folgenden Messgrößen für das Social-Media-Engagement umfassen:

- Reach/Netto-Reichweite
- Likes
- Shares
- Comments (inkl. Tonality-Analyse)
- Fans/Followers
- CTR (Click-through-Rate)
- Traffic auf der eigenen Website
- Conversions (u. a. Orders)

Fans können (bspw. bei *Facebook*) auch gemeinsam auf Entdeckungsreise geschickt werden, um Produkte und Dienstleistungen zu entwickeln und zu testen oder um Slogans oder ganze Werbekampagnen zu erarbeiten. Sie können sogar in den Produktentwicklungsprozess integriert werden, wie Abb. 4.2 zeigt.

Abb. 4.2 *Schinken Spicker* – „gemeinsam mit unseren Fans entwickelt"

Abb. 4.3 Einbindung von Nutzern in Auswahlprozesse – das Beispiel *Pril*. (Quelle: Disselhoff 2011)

Allerdings sollten sich die Unternehmen das „letzte Wort" vorbehalten, wenn sie Nutzer in den Kreativprozess einbinden, um unangenehme Überraschungen zu vermeiden. Als *Henkel* die Nutzer darüber abstimmen ließ, welches Layout eine *Pril*-Verpackung erhalten sollte, votierte die Mehrheit für „Hähnchengeschmack – Schmeckt lecker nach Hähnchen!" (vgl. Abb. 4.3). Es wird deutlich: Die (digitale) Markenführung darf nicht aus der Hand gegeben werden.

Um Kunden in den Kreativprozess einzubinden, wurde *Tchibo Ideas* als **Online-Forum** konzipiert. Hierbei geht es einerseits darum, aus dem direkten Dialog die realen Bedürfnisse der Kunden noch besser zu verstehen. Andererseits sollte unmittelbar aus den dort diskutierten Alltagsproblemen über ein **Crowdsourcing** auch die interaktive Produkt- und Designentwicklung angeregt werden (vgl. Abb. 4.4). So ist eine Community entstanden, in der aus der Diskussion einzelner Ideen **clevere Produktneuheiten** entwickelt werden, die zum Teil sogar als konkrete Produkte realisiert werden – vom Schneidebrett mit integrierter Auffangschale über den Auto-Handtaschenhalter bis zum fest mit dem Fahrrad verbundenen Sattelbezug. Dies alles sind direkte Lösungen für vorab von anderen Nutzern formulierte Probleme.

Eine zentrale Herausforderung bei der Etablierung einer solchen **Crowdsourcing-Plattform** ist zunächst immer der Aufbau der entsprechenden **Community**. Bei *Tchibo* hat man dazu Verbraucher gesucht, die ihre Alltagsprobleme beschrei-

Abb. 4.4 *Tchibo Ideas* Ideas IdeasAuftritt. (Quelle: Tchibo 2014)

ben, und gleichzeitig auch Designer, die gern an entsprechenden Lösungen arbeiten. Auf der Kundenseite wurden dazu die eigenen wöchentlich erscheinenden Medien und die Filialen genutzt. Zur Generierung der Ideenkompetenz wurden gezielte **Kooperationen mit ausgewählten Design-Hochschulen** geschlossen.

In einer aktuellen Ausbaustufe von *Tchibo Ideas* werden Kunden jetzt auch zu **Workshops** unter dem Motto „Dein Tag bei *Tchibo*" eingeladen, um mit Experten und weiteren Teilnehmern *Tchibo*-Produkte auf Herz und Nieren zu testen – noch bevor diese in den Verkauf gehen. Im Rahmen von **Produkttests** können neue Produktideen und schon bewährte Angebote aus dem *Tchibo*-Sortiment im konkreten Einsatz beim Kunden zu Hause getestet werden. Beim **Voting** werden die Kunden dazu eingeladen, bspw. die Wichtigkeit bestimmter Produktmerkmale zu definieren, die dann in den weiteren Entwicklungsprozess einfließen. Schließlich können durch regelmäßige **Umfragen** weitere Informationen zu ausgewählten Themen bereitgestellt werden. So wird der Dialog mit den Kunden auf hohem Niveau weitergeführt (Tchibo 2014).

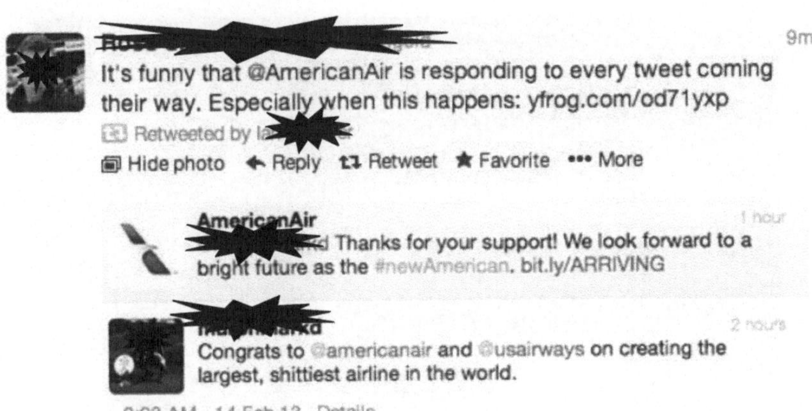

Abb. 4.5 Vollautomatisierte Antworten bei dem *Twitter*-Dienst von *American Airlines*. (Quelle: Moth 2013)

Im Gegensatz zu diesen überzeugenden Beispielen dominiert bei vielen *Facebook*-Auftritten und auch bei *Twitter*-Engagements – teilweise mit mehreren Millionen Fans oder Hunderttausenden von Followern – nach wie vor eine **monologisch ausgerichtete Kommunikation.** Das Unternehmen spricht, und – hoffentlich – viele hören zu, wie dies auch bei klassischen Massenmedien der Fall ist. Über die Inhalte diskutieren die Nutzer dann ggf. untereinander, kommentieren und teilen diese – aber auf Unternehmensseite scheint keiner zuzuhören. Vielfach bleiben kritische oder lobende Posts von Unternehmensseite einfach unkommentiert. Dies ist das Gegenteil der angestrebten Interaktion mit den Nutzern!

Ein **echter Dialog zwischen Kunden und Unternehmen** kann auch durch automatische Antworten – unabhängig vom Kommentar des Kunden – nicht wirklich entstehen, wie das nachfolgende Beispiel von *American Airlines* zeigt (vgl. Abb. 4.5). Hier wurden **vollautomatisierte Antworten** auf Posts in den sozialen Medien gegeben. Das führte dazu, dass das Unternehmen *American Airlines* auf Beschwerden von *Twitter*-Usern über den geplanten Zusammenschluss mit *US Airways* mit den Worten antwortete: „Danke für Deine Unterstützung!" (vgl. Moth 2013).

Jeder kann sich hier selbst fragen, wie belastbar eine Beziehung ist, bei der Antworten automatisiert erfolgen oder einer immer nur redet und der andere zuhören muss. Deshalb gilt: **Zuhören ist der Beginn eines wertschätzenden Dialogs.** Zuhören beginnt übergreifend mit einem **Web-Monitoring**, das das ganze öffentlich zugängliche Internet nach Aussagen zum eigenen Unternehmen oder zu eigenen Marken und Angeboten umfasst (vgl. vertiefend Kreutzer 2014, S. 68–72).

Abb. 4.6 Social Media Command Center von *Dell*. (Quelle: Dell 2014)

Ein besonderes Augenmerk ist allerdings dem **Monitoring der eigenen Social-Media-Plattformen** zu widmen, die zum direkten Dialog mit den Unternehmen auffordern. Dies sind bspw. *Facebook* und *Twitter*, aber auch Corporate Blogs oder eigene Online-Foren und Online-Communitys.

Orientiert an dem Statement **„Social media never sleep"** stellt sich bspw. die Frage, welche „Öffnungszeiten für die digitale Kommunikation" angemessen sind. Beispielsweise ist der *Twitter*-Account von *British Airways* nur von 9 bis 17 Uhr besetzt – obwohl das Unternehmen rund um die Uhr Dienstleistungen für seine Kunden erbringt (vgl. Moth 2013). Um relevante Inhalte nicht zu verpassen, hat *Dell* dagegen weltweit mehrere **Social Media Command Center** aufgebaut, um den **Social-Media-Buzz** laufend zu überwachen (vgl. Abb. 4.6). Hierdurch können nicht nur mögliche Reklamationsgründe früh erkannt, sondern auch interessante Anregungen zur Produktweiterentwicklung durch Kunden in Realtime gewonnen werden (vgl. Dell 2014). Die Herausforderung lautet deshalb: Kunden agieren in Realtime; aber ist auch die Organisation darauf ausgerichtet, in Realtime zu antworten?

Vor diesem Hintergrund wird auch nachvollziehbar, warum *Dell* das erste Unternehmen war, das einen **Chief Listening Officer** (CLO) auf Vorstandsebene etabliert hat (vgl. Hill 2010). Die **Aufgaben des Chief Listening Officers** umfassen im Idealfall folgende Bereiche:

- unternehmensweite **Organisation der Social-Media-Aktivitäten** (inkl. der Definition von Verantwortlichen für Blogging, Web-Monitoring, der Erarbeitung und Umsetzung von internen und externen Social-Media-Guidelines etc.),
- **Überwachung der Social-Media-Aktivitäten** selbst,
- **Anstoß von unternehmensinternen Maßnahmen**, die auf den so gewonnenen Customer Insights basieren.

Nur durch ein ausgeprägtes Zuhören kann ermittelt werden, welche Kundenerwartungen an ein Engagement in den sozialen Medien eigentlich vorliegen. Schließlich sollte die **handlungsleitende Frage bei der Ausgestaltung des „digitalen Markendialogs"** die nach den relevanten Kundenerwartungen sein: Was motiviert Konsumenten, über Social Sites mit Unternehmen in Kontakt zu treten? In diesem Kontext ist es spannend zu sehen, wie weit die **Erwartungen der Konsumenten an die Inhalte von Social Sites der Unternehmen** und die entsprechenden **Einschätzungen der Unternehmen hinsichtlich dieser Erwartungen** auseinander liegen (vgl. Abb. 4.7). Auch wenn der nachfolgend zitierten Studie nur eine kleine

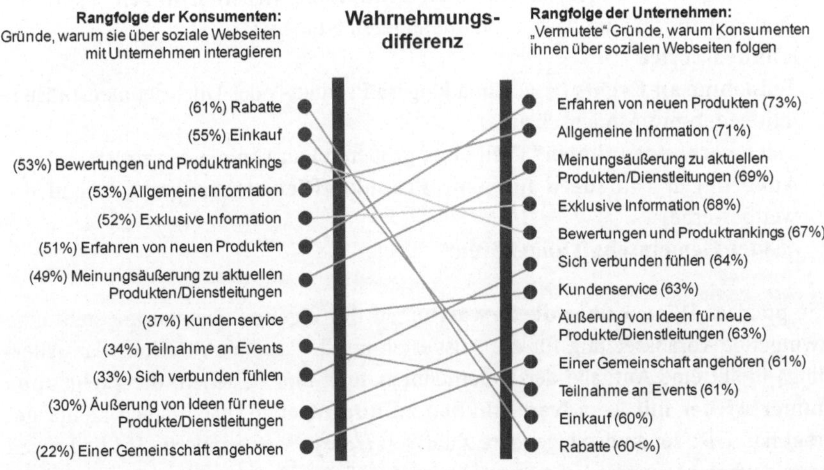

Abb. 4.7 Diskrepanzen zwischen Unternehmen und Konsumenten bzgl. der Gründe, warum Konsumenten über Social Sites mit Unternehmen kommunizieren ($n=1.056$ Konsumenten, $n=350$ Entscheidungsträger, weltweite Untersuchung). (Quelle: IBM 2011, S. 9)

globale Stichprobe zugrunde liegt, können deutliche **Wahrnehmungsdifferenzen** festgestellt werden. Während **Rabatte** und **Einkauf** im Ranking der Konsumenten ganz vorne liegen, nehmen diese bei den „vermuteten Gründen" der Entscheidungsträger die letzten Plätze ein. Dabei wird eines überdeutlich: Auf „Vermutungen" bzgl. der Erwartungen der eigenen Zielgruppen sollten keine Social-Media-Strategien aufgebaut werden!

In Summe können auf Grundlage dieser Studie sowie aus weiteren einschlägigen Analysen die folgenden **Bereiche einer Content-Strategie für die digitale Markenführung** mit abnehmender Relevanz für die Zielpersonen definiert werden:

- **Rabatte** (u. a. besondere Preisvorteile, limitierte Angebote, die sich an unterschiedlichen Zielgruppen ausrichten können)
- **Einkauf** (bspw. durch Links zu Online-Shops oder Hinweise auf stationäre Einkaufsstätten)
- **Bewertungen und Produktrankings**
- **Allgemeine und exklusive Informationen** über Produkte, Dienstleistungen, das Unternehmen und/oder die Branche (bspw. auch durch Hinweise auf Websites, Blogeinträge oder Foren)
- **Informationen über neue Produkte** (bspw. bei Neueinführungen)
- **Meinungsäußerungen zu aktuellen Produkten/Dienstleistungen** (bspw. als Dialogplattform zum Austausch mit anderen Nutzern)
- **Kundenservice**
- **Teilnahme an Events** (u. a. Einladung zu Produkt- oder Unternehmenspräsentationen, bspw. Modenschauen)
- **„Sich verbunden fühlen"** (Teil einer größeren Fan-Gemeinde sein)
- **Äußerungen von Ideen für neue Produkte/Dienstleistungen** (etwa Ideenwettbewerbe)
- **„Einer Gemeinschaft angehören"**

Ein präzises **Wissen über die Erwartungen der eigenen Zielgruppe** stellt eine zwingende Voraussetzung für die Ausgestaltung des digitalen Dialogs dar. Allerdings bleibt eine Aufgabe der Unternehmen auch hier bestehen: die **Zielgruppe immer wieder mit kreativen Inhalten zu überraschen**, nach denen keiner gefragt hat. Hier sei an das legendäre Zitat von *Henry Ford* erinnert: „If I had asked people what they wanted, they would have said faster horses!" Ein gelungenes Beispiel für die Überraschung der Online-Nutzer mit kreativen Inhalten ist das viral sehr erfolgreiche *YouTube*-Video *EDEKA Supergeil* (vgl. Abb. 4.16). Wenn es das **Video eines Einzelhandelsunternehmen** ohne klassische mediale Unterstützung schafft, innerhalb weniger Wochen über zehn Millionen Views zu erreichen, dann scheint das Interesse einer größeren Öffentlichkeit getroffen zu sein. Ob sich hinter dieser viralen Fangemeinde jeweils auch (potenzielle) Kunden von *EDEKA* verbergen, bleibt allerdings auch hier offen. Aber es zeigt sich erneut: Durch das Abspielen von klassischen TV-Spots auf *YouTube* wäre ein solcher Erfolg in diesem Medium nicht zu erreichen gewesen.

Eine **erfolgreiche digitale Markenführung** erfordert damit zweierlei: Zum einen ist die Zielgruppe im Vorfeld von Social-Media-Kampagnen zu fragen, an welchen Inhalten diese interessiert ist. Zum anderen sind immer auch neue Wege und Inhalte der Kommunikation auszuprobieren. Das Zuhören konzentriert sich hier auf die Fragestellung, wie relevant, witzig, hilfreich und/oder unterhaltsam diese Inhalte für die anzusprechenden Interessenten und Kunden waren – um daraus Ableitungen für die zukünftige Kommunikation zu gewinnen.

Eine weitere, von vielen Unternehmen noch zu meisternde Aufgabe ist die Ausgestaltung der Interaktionen in **Gestalt von Dialogen,** die immer häufiger in der breiten Öffentlichkeit ausgetragen werden. **„Social first"** – so könnte die Antwort auf die Frage lauten, was bei der **digitalen Kommunikation** – und nicht nur in den sozialen Medien – zu berücksichtigen ist. Warum ist dies so wichtig? Wir können feststellen, dass die zunehmende Transparenz über Leistungen und Preise den **Abwärtstrend bei der Kundenloyalität** weiter beschleunigt hat. Wenn man im privaten Umfeld von „Lebensabschnittsgefährten" spricht, wird sichtbar, dass auch im privaten Umfeld vieles auf „Endlichkeit" angelegt ist. In Summe gilt: Die Kunden werden nicht nur illoyaler, sondern gleichzeitig auch anspruchsvoller.

In den sozialen Medien besteht die Möglichkeit, Aufgabe und sogar Notwendigkeit, die umfassend „enabled customers" in einem möglichst intensiven Dialog einzubinden. Damit die **Emotionalisierung dieser digitalen Dialoge** gelingt, sollten die handelnden Personen transparent werden. Die vielfach geforderte **Authentizität in der digitalen Kommunikation** wird dann erreicht, wenn Menschen und nicht anonyme Unternehmen und/oder Produktmarken kommunizieren. Es ist doch schade, dass eine emotionale Marke wie *Audi* auf *Facebook* ihre Posts unter „*Audi Deutschland*" versendet, ohne sichtbar zu machen, dass – trotz allem „Vorsprung durch Technik" – letztendlich auch Technik „menschengemacht" ist. Viel stärker „menschelt" es dagegen beim *Twitter*-Dienst „*Telekom hilft*". Hier wird nicht nur das komplette Team mit Foto präsentiert, sondern für den Kunden wird sogar einmal gedichtet (vgl. Abb. 4.8). Der Dialog in den sozialen Medien darf eben genau nicht den Regeln der häufig „glattpolierten" Corporate Communications entsprechen – nicht zuletzt, weil die klassischen Kunden ganz andere Erwartungshaltungen an den „sozialen" Dialog haben – vielleicht sogar die Erwartung, einmal mit dem CEO zu kommunizieren.

Abb. 4.8 Antwort im Minuten-Takt bei *@Telekom_hilft*

Die hohe Wertschätzung und die positive Resonanz auf diesen Service der *Deutschen Telekom* kommen allerdings nicht von ungefähr, sondern stellen das Ergebnis harter Arbeit dar – und eines langen internen **Lernprozesses.** Dass noch nicht alle Unternehmen hier erfolgreich unterwegs sind, zeigt das Beispiel *Air Berlin*. Da *Air Berlin* über Monate nicht auf eine Reklamation reagiert hat, wurde diese auf *Facebook* gepostet. Wie sich die **Qualität des Dialogs** entwickelt hat, zeigt Abb. 4.9. Das Problem wurde nach fünfmonatiger Wartezeit schließlich innerhalb von 24 h nach dem Posting bei *Facebook* gelöst. Allerdings blieb aufgrund der erfahrenen Betreuung ein schaler Nachgeschmack zurück. Eines wurde allerdings deutlich: Die **sozialen Medien werden zum Service-Treiber von Unternehmen.** Wer hier nicht performant aufgestellt ist, zeigt seine Service-Wüste in aller Öffentlichkeit. Und die Kunden, die soziale Medien zur Serviceabforderung in Anspruch nehmen, werden den besseren Service erhalten!

Die **Notwendigkeit zur Emotionalisierung der Kommunikation** hat 2013 sogar *Ryanair* erkannt und mit dem Ziel aufgegriffen, den eigenen Kundenservice zu verbessern. CEO *Michael O'Leary* (abgekürzt MOL) persönlich hat unter dem

Ralf T. Kreutzer

Ich warte bereits seit Monaten auf die Antwort auf verschiedene Schreiben an #airberlin, ohne dass eine Reaktion erfolgt. Wer hat bei airberlin schon Ähnliches erlebt?
#schweigenairberlin!

Gefällt mir · Kommentieren · vor 4 Stunden

Ralf T. Kreutzer   11.02.2014 13:26
Sehr geehrte Damen und Herren,
zunächst bitte ich darum, mich per "Sie" anzureden.
Es geht unter anderem um den Vorgang V 1053605 vom 9.7.2013.
Ich habe mehrfach nachgefasst und nie eine Antwort erhalten.
Ich verfasse gerade ein Schreiben an den CEO, wo ich mich über das Verhalten offiziell beschweren und weitere Gutschriften für nicht angetretene Flüge beantragen werde.
Mit besten Grüßen
R. Kreutzer

airberlin   11.02.2014 14:48
Hallo Ralf,
ich bedauere deine Wartezeit. Gerne kommen wir deinem Wunsch nach per "Sie" angesprochen zu werden. Dafür kontaktiere uns bitte per Email. Über Facebook kommunizieren wir stets per "Du". Nach Rücksprache mit dem Kundenservice erfuhr ich, dass du zwei Vorgänge stornieren möchtest. Ist das richtig?
Bis bald,

Abb. 4.9 Qualität des Dialogs bei *Air Berlin*

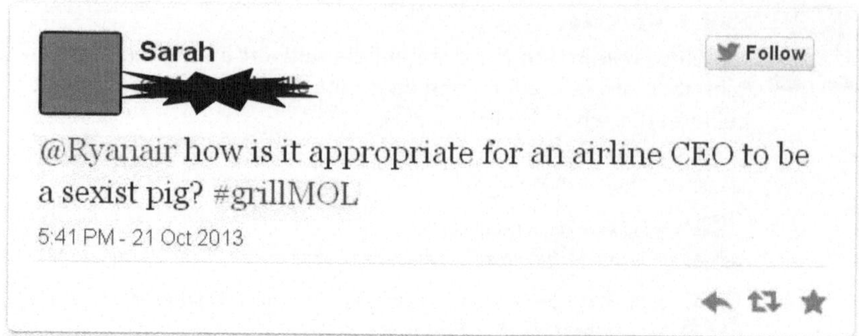

Abb. 4.10 „Wertschätzender" Dialog bei *Ryanair* – I. (Quelle: o. V. 2013)

wertschätzenden Motto *„Tell MOL!"* zum Dialog aufgefordert. Dass der Dialog dabei über ein auf der Homepage zu findendes **Web-Formular** geführt werden sollte, zeigt die überzeugende „emotionale" Ausgestaltung des Dialogs (vgl. Biz-Travel 2013). Um das „Persönliche" der Marke zu unterstreichen, engagierte sich *O'Leary* selbst bei *Twitter*. Mit dem Hashtag #GrillMOL wurden die *Twitter*-Nutzer zur Fragestunde an den CEO aufgefordert – und die Plauderstunde wurde zum Schlagabtausch. Auf eine Frage einer attraktiven Fragestellerin antwortete der *Ryanair*-Chef mit den Worten: „Nice pic. Phwoaaarr! MOL". Wie die Angesprochene selbst reagierte, zeigt Abb. 4.10 (vgl. o. V. 2013).

Die kritischen **Kommentare der Community** folgten. Und auch die Angesprochene selbst war wenig angetan von der Anmache des *Ryanair*-Chefs und schrieb: „Wer auch immer auf @Ryanair twittert ist so langweilig. Sagt MOL, dass er eine Therapie braucht. #Nichtbeeindruckt." Als sich ein Mitarbeiter von *Ryanair* in den Dialog einbrachte, war der Tonfall auch nicht sonderlich wertschätzend (vgl. Abb. 4.11). Eine emotionale Ausprägung hatte dieser Dialog ohne Frage – vielleicht sogar eine, die der tatsächlichen **Corporate Culture** von *Ryanair* entspricht (vgl. o. V. 2013).

Im Gegensatz zu den hier gezeigten Beispielen sollte die **Social-Media-Kommunikation** idealweise eine Verlängerung des emotionalen Erlebens am POS und/ oder der Nutzung der eigenen Marke oder eigener Dienstleistungen in den Online-Bereich sicherstellen. Dabei gilt, dass der „digitale" Dialog primär als „emotionaler" Dialog auszugestalten ist. Wenn dabei noch weitere Informationen über Nutzer gewonnen werden, entsteht sogar eine **Learning Relationship** (vgl. Peppers und Rogers 2011, S. 1). Hier wird die Kundenbeziehung auf eine tragfähige informatorische Grundlage gestellt, die von Wettbewerbern nicht mehr einfach kopiert werden kann.

Abb. 4.11 „Wertschätzender" Dialog bei *Ryanair* – II. (Quelle: o. V. 2013)

In Summe zeigt sich allerdings: Auch die **Emotionalisierung der Kommunikation** muss gekonnt erfolgen. Und nicht alle, die sich dazu berufen fühlen, sind mit den notwendigen Fähigkeiten ausgestattet. Der Vor- und Nachteil der sozialen Medien ist es dabei, dass die ganze Welt dabei zuschauen kann, wenn Unternehmen und ihre Kommunikation scheitern!

4.3 Gestaltungsfeld „Personalisierung und Individualisierung"

Auch eine **Personalisierung** (i. S. der namentlichen Ansprache) sowie eine **Individualisierung** (in Gestalt der Differenzierung der Kommunikation bzw. der Leistungserbringung) waren auch schon im „vordigitalen" Zeitalter in Teilbereichen möglich, insb. im Dialog-Marketing. Die Online-Kanäle bieten jetzt aber viel mehr Möglichkeiten, mit diesen Konzepten zu arbeiten, um für die Kunden eine höhere Relevanz zu erzielen. Dies reicht vom Targeting bei Werbebannern und insb. bei Keyword-Anzeigen über auf *Facebook*-Daten basierte Angebote bis hin zu personalisierten und individualisierten Landing-Pages, die bspw. über PURL (Personalized URL) angesteuert werden. Außerdem können unterschiedliche Inhalte auf Websites präsentiert werden, abhängig vor der Herkunfts-Website des Nutzers (Referrer) oder der Nutzung der verschiedenen Angebote auf der eigenen Website. Zu-

Abb. 4.12 *Individualisiertes Produkt von dm drogeriemarkt.* (Quelle: http://produktdesigner.fotoparadies.de/. Zugegriffen: 26. Januar 2015)

dem werden Usern von *Apple*-Devices teilweise höhere Preise angezeigt als Nutzern anderer Endgeräte. Auch dies stellt eine Form der „Individualisierung" dar.

Zusätzlich bietet sich heute in vielen Bereichen die Möglichkeit, kostengünstig **Kreation von personalisierten Produkten** über Online-Plattformen vorzunehmen (vgl. hierzu das Beispiel von *dm Drogeriemarkt* in Abb. 4.12). Mit wenigen Klicks wird es dem Nutzer hier ermöglicht, sein individuelles Produkt zu gestalten – um es anschließend in einer *dm*-Filiale abzuholen oder sich zusenden zu lassen.

Eine große Medienresonanz erzielten auch die Kampagnen von *McDonald's*, die dazu aufforderten, einen „eigenen" Burger zu kreieren (vgl. Abb. 4.13).

Ein Beispiel dafür, wie viel Raum einem derartigen User-Generated-Content zur Verfügung gestellt werden kann, zeigt seit Kurzem die Website-Gestaltung von *Coca-Cola*. Zunächst wurde in den USA und jetzt auch in Deutschland die Website zur Bereitstellung von Inhalten für die Nutzer weiterentwickelt (vgl. Abb. 4.14). Dabei treten eigene Unternehmensnachrichten zugunsten von allgemeinen Inhalten – hier „rund um das Thema Happiness" – sowie zugunsten von User-Generated-Content in den Hintergrund.

Diese Beispiele unterstreichen, dass sich in verschiedenen Bereichen die Inhalte verändern, die von den Unternehmen in den Mittelpunkt der Kommunikation gestellt werden. Damit ist das weitere Handlungsfeld des Content-Marketings angesprochen.

Abb. 4.13 *Individualisiertes Produkt von McDonald's.* (Quelle: mcdonalds.de. Zugegriffen: 23. April 2014)

Abb. 4.14 Content-Marketing auf der *Coca-Cola*-Website. (Quelle: coke.de. Zugegriffen: 9. Mai 2014)

4.4 Gestaltungsfeld „Content-Marketing"

Immer mehr Unternehmen erkennen, dass viele Kommunikationskanäle nicht mehr mit rein „werblichen Inhalten" bestückt werden können. Damit rückt ein Thema immer stärker in den Mittelpunkt, das mit dem Begriff **Content-Marketing** überschrieben wird. Darunter wird eine Ausrichtung des Marketings – und hier insb. der Kommunikation – verstanden, bei der für bestimmte Zielgruppen relevante und damit werthaltige Inhalte geschaffen, bereitgestellt und/oder distribuiert werden. Diese Aktivitäten werden mit dem Ziel eingeleitet, bestimmte Zielgruppen zu gewinnen, zu binden oder zu einer bestimmten Art des Engagements zu motivieren, um auf diese Weise übergeordnete Marketing-Ziele zu erreichen. Das wohl überzeugendste Beispiel eines gelungenen Content-Marketings stellt der von *Red Bull* organisierte **Stratos-Jump** von *Felix Baumgartner* dar (vgl. Abb. 4.15). Ca. acht Millionen Menschen sollen allein „live" den Sprung über *YouTube* verfolgt haben – begleitet von einer Präsenz über alle Kommunikationskanäle weltweit.

Aber auch mit weniger spektakulären Aktionen können Nutzer begeistert werden, wie das Beispiel *EDEKA* gezeigt hat. Digitale Plattformen ermöglichen ein multi-sensorisches Erlebnis, das manche klassischen Werbeformen so nicht bieten könnten. Bild, Ton – und vor allem Zeit – können hier (bspw. auf *YouTube*) viel „verschwenderischer" eingesetzt werden, als dies bei klassischen TV-Spots möglich wäre. Ein überzeugender Beleg hierfür ist der *EDEKA*-Supergeil-Spot. Wer hätte gedacht, dass es ein Spot über *EDEKA* – bisher nicht wirklich ein „Star" auf

Abb. 4.15 Stratos-Jump von *Felix Baumgartner*. (Quelle: performance-marketing.at. Zugegriffen: 25. Juni 2014)

Abb. 4.16 *YouTube*-Video–*EDEKA* Supergeil. (Quelle: www.youtube.com/watch?v=jxVcg-DMBU94. Zugegriffen: 26. Januar 2015)

YouTube – schaffen könnte, mit einem 3.16 min-Spot innerhalb von etwas über zwei Monaten knapp zehn Millionen Views zu erzielen (vgl. Abb. 4.16).

Die Zielsetzung eines solchen **Content-Marketings** besteht darin, interessante Inhalte zu erzählen (Stichwort **Story Telling**), um die Nutzer in interessante Geschichten im Markenumfeld einzubinden. Durch das Schaffen einer Content-Plattform, auf der sich Nutzer präsentieren können, wird ein Engagement von Kunden ermöglicht, die darüber in ihren sozialen Netzwerken berichten. Dass *Coca-Cola* an dieser viralen Verbreitung in hohem Maße interessiert ist, zeigen die Social-Media-Icons in Abb. 4.14. Allerdings sollte man sich beim **Story Telling** über eines im Klaren sein (vgl. Die Firma 2014, S. 6): In den sozialen Medien gibt es weder einen verantwortlichen Erzähler noch feste Erzählstrukturen und auch kein begrenztes Publikum. Es gibt hier nur Menschen, die sich über Gespräche verbinden. Marken können Teil und Gegenstand dieser Gespräche sein – im Guten wie im Bösen! Je klarer, authentischer, ehrlicher, unterhaltsamer und damit auch überzeugender eine Marke ihre eigene Geschichte erzählt, desto eher wird sie vom Publikum aufgenommen und fortgeschrieben!

Eines wurde bereits am Beispiel *Coca-Cola* deutlich: Statt allein Informationen zum Unternehmen und seinen Marken zu präsentieren, werden verstärkt Themenfelder „bespielt", die nur noch teilweise Bezug zum Kerngeschäft des Unternehmens aufweisen. Im Kern geht es beim Content-Marketing folglich um die **Bereitstellung von nützlichen Informationen** oder **von „reiner" Unterhaltung,** um so zu einer Beschäftigung mit der eigenen Marke oder dem eigenen Web-Auftritt zu motivieren. Vor diesem Hintergrund werden Unternehmen zum Berater oder zum Entertainer für die Zielgruppe. Dazu können Texte, Bilder, Grafiken, Podcast und/oder Videos angeboten werden. Diese Informationen können außer über den **eigenen Online-Auftritt** auch über die **sozialen Netze** (bspw. *Facebook, Google+, Pinterest*), über **(Micro-)Blogging-Dienste** wie *Twitter* und *Tumblr* oder über **Media-Sharing-Plattformen** (wie *Flickr, YouTube, Instagram*) verbreitet werden. Auch über **Online- und Offline-PR-Aktivitäten** sowie über die klassische Werbung selbst können entsprechende Inhalte bzw. Hinweise darauf verbreitet werden (vgl. Abschnitt 4.5).

Es wird deutlich: Die Anforderung lautet hier, ein **transmediales Story Telling** vorzudenken und die Ergebnisse ein einen **integrierten Redaktionsplan** zusammenzuführen – über Kanäle, Themen und Zielgruppen hinweg. Nur dann können relevante Inhalte – unabhängig vom Kanal, aber verbunden durch eine zentrale Idee – kommuniziert werden. Gleichzeitig bietet ein solchermaßen erfolgreiches Content-Marketing noch einen unschlagbaren Vorteil: **Ad-Blocker**, die sich auch in Deutschland einer zunehmenden Beliebtheit bei den Nutzern erfreuen, können auf diese Weise mehrheitlich unterlaufen werden.

Der **digitalen Markenführung** kommt auch im **B2B-Kontext** eine große Bedeutung zu. Hier wird Content-Marketing besonders häufig in E-Newslettern von Zeitungen und Zeitschriften, aber auch in den sozialen Medien eingesetzt. Dazu werden **Artikel, Charts, Studien** oder **White Paper** von Unternehmen mit dem Ziel angeboten, die eigene Kompetenz in bestimmten Feldern zu beweisen und im Zuge des Download-Vorgangs ein Opt-in für die weitere Betreuung über E-Mail zu erlangen. White Paper sind Diskussionsschriften, die in Form eines Artikels, eines Reports und/oder einer Studie dem Leser zu einem Erkenntnisfortschritt verhelfen oder konkrete Entscheidungshilfe leisten.

Wichtig ist, dass **Content-Marketing als Prozess** und weniger als einmalige Aktion zu verstehen ist, in dessen Verlauf die definierten Zielgruppen mit „spannenden Inhalten" versorgt werden. Multipliziert man die verschiedenen Zielgruppen mit ihren unterschiedlichen Erwartungen mit der Vielfalt der Kanäle und möglichen Informationsangeboten (über die werblichen Inhalte hinaus), wird die

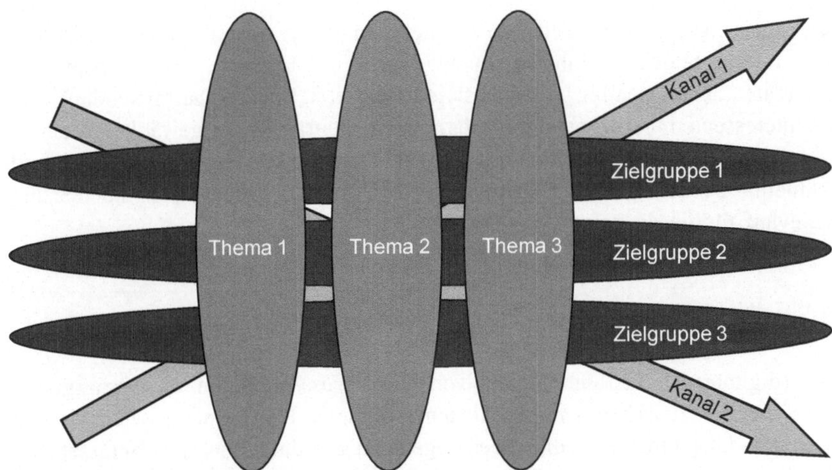

Abb. 4.17 Themenorientierte Denkstruktur

Komplexität der Handlungsoptionen deutlich. Deshalb empfiehlt es sich, die in vielen Bereichen noch vorherrschende zielgruppenorientierte Denkweise durch eine **themenorientierte Denkweise** zu ergänzen, um die zu bewältigende Komplexität etwas einzuschränken (siehe Abb. 4.17).

Die **Aufgabenstellung einer themenorientierten Denkstruktur** lautet, Themenfelder zu besetzen, die für verschiedene Zielgruppen relevant und über unterschiedliche Kanäle bespielbar sind. Dies lässt sich am Beispiel *Coca-Cola* verdeutlichen. Das Thema „Happiness" kann nicht nur für Kunden, sondern auch für (potenzielle) Mitarbeiter und für Vertriebspartner relevant sein. So lassen sich aus diesem Oberthema spannende Inhalte für verschiedene Zielgruppen ableiten und über unterschiedliche Kanäle verbreiten. Neben der Corporate Website sind dies bspw. *Facebook, YouTube, Pinterest* und andere. Im Hinblick auf die Kernzielgruppe geht es auch hier darum, (potenziellen) Kunden relevante Inhalte zur Verfügung zu stellen, welche sie dann dazu veranlassen, entsprechende Produkte (weiterhin) zu kaufen und Beiträge weiterzuverbreiten.

Die **Aufgabenstellung für die digitale Markenführung** lautet hier: Um eine übergreifende Relevanz bei den Zielpersonen zu erreichen, müssen die Beiträge den Bedürfnissen der verschiedenen Zielgruppen entsprechen. Aus diesem Grund sind Unternehmen aufgerufen, Themen zu finden, welche für eine große Anzahl von Zielkunden – auch unterschiedlicher formaler Zielgruppen – interessant sind. Anbieter mit einer großen Anzahl an definierten Zielgruppen und verschiedenen Produkten, wie Automobilanbieter und Verleger, Versender und FMCG-Hersteller, sind auf zielgruppenübergreifende Themen und andere Möglichkeiten der Bereitstellung von relevanten Inhalten angewiesen. Eine Möglichkeit stellen bspw. sogenannte **„Social Reader"** dar, wie sie *Audi* einsetzt. Eine solche Anwendung bietet Interessenten und Kunden die Möglichkeit, Beiträge in ausgewählten sozialen Netzwerken von und über *Audi* nach Themen sowie nach Formaten, Quellen und Aktualität zu selektieren (vgl. bspw. Audi 2013). Somit können Convenience und Relevanz für die Zielpersonen erhöht werden.

4.5 Gestaltungsfeld „Cross-mediale Vernetzung"

Die (digitale) Markenführung lebt von einer **cross-medialen Vernetzung**, um die Synergien zwischen den verschiedenen digitalen Plattformen sowie zwischen diesen und den Offline-Medien überzeugend zu gestalten. Zentrale Voraussetzung hierfür ist, dass die on- und offline-übergreifende Vernetzung bereits in der Konzeptionsphase angedacht wird. Ein überzeugendes Beispiel hierfür liefert *dm Drogeriemarkt*. So ist bspw. bei der Konzeption von individualisierten Produkten in Abb. 4.12 zu sehen, dass die dort gestalteten Kreationen gleich über *Facebook* und *Pinterest* geteilt werden können, um so eine zusätzliche Verbreitung zu erzielen. Auch das Beispiel der *Huffington Post* in Abb. 4.18 zeigt, wie systematisch eine – hier nur online agierende – Marke die **Kraft der sozialen Vernetzung** nutzt. Bei einem Artikel über die schon erwähnte Kundenintegration bei *McDonald's* wird nicht nur ermöglicht, das Foto bei *Pinterest* zu posten. Es wird auch auf die Social-Bookmarking-Services von *Stumbleupon* und *Reddit* hingewiesen und zum Share bei *Facebook, Tumblr* sowie zum Like bzw. Plus bei *Facebook* und *Google +* hingewiesen. Zusätzlich kann der Artikel gleich per E-Mail versendet oder bei *LinkedIn* gepostet werden.

Ein wichtiger Treiber für die Notwendigkeit einer cross-medialen Vernetzung ist die **Konvergenz von Kanälen und Endgeräten**. Smart TV ermöglicht den Zugang zu den sozialen Medien und E-Commerce-Anbietern, während der Desktop-PC, der Tablet-PC und auch das Smartphone zum TV-Konsum genutzt werden. Gleichzeitig werden immer mehr Social-Media-Plattformen mobil besucht und auch mobil eingekauft. Zusätzlich führt die sogenannte **Multi-Screen-Usage**, d. h. der parallele Gebrauch verschiedener Endgeräte, dazu, dass die von einer Marke kommunizierten Inhalte kanalübergreifend stimmig sein sollten. Nur dann können die Wechselwirkungen zwischen den verschiedenen Kanälen wertstiftend erfolgen. Gleichzeitig gilt es hierbei, die sogenannte **„Medienadäquatheit"** zu berücksichtigen. Darunter ist der Aspekt zu verstehen, dass die Inhalte nicht nur auf die technischen Möglichkeiten der verschiedenen Kanäle, sondern auf die jeweiligen Nutzungssituationen (im Büro, im Wohnzimmer, in der U-Bahn oder auf der Straße) geachtet werden muss. Eine Medienadäquatheit ist folglich dann gegeben, wenn die Möglichkeiten dem Medium entsprechend eingesetzt werden, ohne dass ihre kommunikative Funktion eingeschränkt wird.

Um einen kanalübergreifend stimmigen (digitalen) Auftritt der Marke sicherzustellen, ist eine Orientierung an den **vier Ks** erforderlich. Diese stehen für Kontinuität, Konsistenz, Konsequenz und Kompetenz. Auch wenn sich Unternehmen angesichts des **Terrors der Optionen** immer wieder neuen Herausforderungen stellen müssen, ist nicht jeder neue Trend gleich in Maßnahmen umzusetzen. Um die notwendige Orientierungsfunktion für die Stakeholder, insb. aber für die In-

McDonald's 'Build Your Own Burger' Experiment To Expand

AP | by By CANDICE CHOI

Posted: 02/27/2014 11:35 am EST | Updated: 02/27/2014 11:59 am EST

A McDonald's Corp. Big Mac meal is arranged for a photograph outside of a restaurant in San Francisco, California, U.S., on Wednesday, Jan. 22, 2014. McDonald's Corp., the world's largest restaurant chain, posted fourth-quarter profit that was little changed from a year earlier as U.S. same-store sales fell amid shaky consumer confidence and increased competition. Photographer: David Paul Morris/Bloomberg via Getty Images | Bloomberg via Getty Images

168   35   17   14   10   14

Like   Share   Tweet   Linked in   Email   Comment

OAK BROOK, Ill. (AP) — McDonald's plans to expand a test this year that lets people order customized burgers.

Abb. 4.18 Beispiele für eine überzeugende cross-mediale Vernetzung bei der *Huffington Post*. (Quelle: http://www.huffingtonpost.com/news/mcdonalds-burgers/. Zugegriffen: 26. Januar 2015)

teressenten und Kunden, durch unternehmerisches Handeln zu erreichen, ist eine längerfristige Gültigkeit zentraler Leitideen des Marketings und damit ein hohes Maß an **Kontinuität** anzustreben. Alles andere führt eher zu Verwirrung und damit zu einer Verunsicherung der Zielpersonen und kann das Entstehen eines vertrauenswürdigen Images auf Unternehmens- und/oder Angebotsseite gefährden.

Die zusätzlich gebotene **Konsistenz** zielt auf die Erreichung eines in sich **schlüssigen Gesamtauftritts der Marke** über alle Kommunikationsinstrumente und -kanäle hinweg. Alle nach innen wie nach außen gerichteten Maßnahmen – seien sie online oder offline ausgerichtet – müssen sich an den Kernwerten der Marke orientieren, um eine in sich geschlossene Brand Identity zu erzeugen. Um diese Konsistenz bei cross-medialen Kampagnen über alle On- und Offline-Medien hinweg zu erreichen, empfiehlt sich zum einen der Einsatz von sogenannten **Brand Styleguides** oder **Brand Manuals,** in denen die formalen Anforderungen an die Markenkommunikation definiert werden (vgl. grundlegend Baumgarth 2008, S. 177–193). Zum anderen ist es erforderlich, dass die Ergebnisse der eingebundenen PR-, Werbe-, Online-, SEO-, Affiliate-, Promotion-, Design- und POS-Agenturen nicht erst nach Abschluss der Kampagnenentwicklung zusammengeführt werden. Viel zielführender kann dagegen ein Vorgehen sein, bei dem alle für die Kommunikation verantwortlichen Agenturen an einem Ort und zu einem Zeitpunkt ein Briefing erhalten, auf dessen Grundlage anschließend gemeinsam gearbeitet wird. Die Sicherstellung einer Konsistenz findet hier folglich schon im Prozess der Kampagnenentwicklung statt.

Zusätzlich sollten die eingeleiteten und als richtig erkannten Maßnahmen mit **Konsequenz** umgesetzt werden. Erstklassige Strategien verlieren noch zu häufig im Rahmen der Umsetzung an Überzeugungskraft – oder verlaufen ganz im Sande, weil bei den ersten Widerständen häufig schon aufgegeben wird. Wie gut – bzw. schlecht – die **Vorbereitung der Unternehmen auf die Social-Media-Aktivitäten** ausfällt, zeigt Abb. 4.19. Der Erfolg der digitalen Markenführung steht und fällt mit der Qualität der **organisatorischen Verankerung des Social-Media-Marketings** im Unternehmen selbst. Ernüchternd ist deshalb der Blick darauf, welche Voraussetzungen zur Umsetzung eines Social-Media-Marketings in den Unternehmen bisher geschaffen wurden (vgl. BITKOM 2012, S. 16). So wird deutlich, dass 59 % der Unternehmen die erforderlichen Mitarbeiter fehlen. 66 % haben keine Ziele definiert, die sie durch die sozialen Medien erreichen wollen. In 81 % der Unternehmen fehlen interne Social-Media-Guidelines für die eigenen Mitarbeiter, und 93 % bieten ihren Mitarbeitern auch keine entsprechenden Weiterbildungen an. 90 % betreiben kein Social-Media-Monitoring, und 98 % haben keine Kennzahlen zur Evaluation der Zielerreichung definiert. Damit wird in Summe deutlich, wie wenig Unternehmen auf die Herausforderung der sozialen Medien

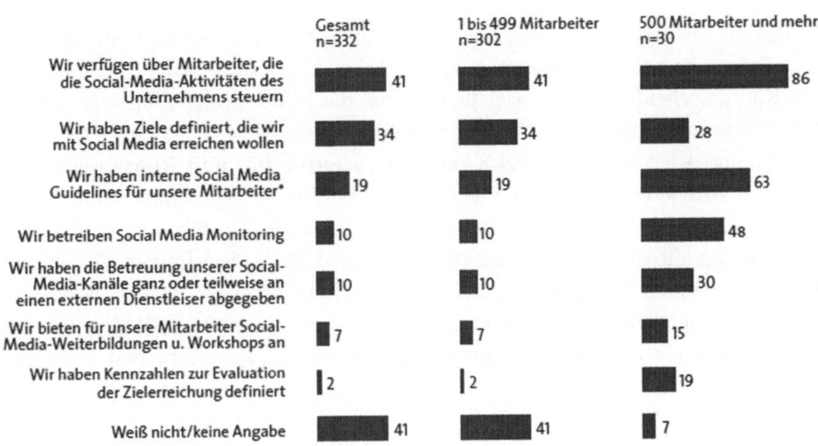

Abb. 4.19 Organisation von Social-Media-Aktivitäten – nach Unternehmensgröße in Mitarbeiterzahl in % (Frage: „Wenn Sie an die interne Organisation Ihrer Social-Media-Aktivitäten denken – welche Aussagen treffen auf Ihr Unternehmen zu?"; Mehrfachnennungen möglich; $n=332$). (Quelle: BITKOM 2012, S. 17)

vorbereitet sind – und warum sich in vielen Bereichen Erfolge durch Social Media nicht einstellen wollen!

Die Ergebnisse in Abb. 4.19 zeigen auch, dass die für eine erfolgreiche (digitale) Markenführung erforderliche **Kompetenz** in vielen Bereichen noch nicht aufgebaut wurde. Aufgrund der vielfältigen Möglichkeiten von Interessenten und Kunden, sich über Unternehmen und deren Leistungen in Blogs, Foren, Communitys, auf Bewertungsplattformen u. Ä. über die Marke auszutauschen, wird es für Unternehmen immer schwieriger, mit „Schlechtleistung" am Markt zu überleben.

Mangelnder Kontinuität, Konsistenz, Konsequenz und Kompetenz ist systematisch vorzubeugen. Die Berücksichtigung dieser Anforderungen gewinnt durch die Einbindung einer Vielzahl von On- und Offline-Kanälen für Unternehmen und ihre Marken zusätzlich an Bedeutung. Schließlich soll bei den Zielpersonen auch dann noch ein in sich schlüssiges Gesamtbild entstehen, wenn Unternehmen **Cross-Channel-Marketing** umsetzen, d. h. über mehrere Kanäle gleichzeitig mit den Interessenten und Kunden interagieren und dieses Interaktion miteinander vernetzt ist. Die Anforderung, ein überzeugendes Gesamtbild zu liefern, bleibt bestehen, lässt sich aber wesentlich schwerer umsetzen.

Zusätzlich hat sich die gesamte **Ausgestaltung der (digitalen) Markenführung** an zwei wichtigen Bedingungen auszurichten: Vereinfachung und Nachhaltigkeit. Mit **Vereinfachung** ist hier gemeint, dass die Markenkommunikation dazu beitragen soll, die „Komplexität der Welt" zumindest etwas zu reduzieren, um Kaufentscheidungen zu erleichtert. Denn die Multi-Optionalität – gleichsam eine Orgie mit Optionen – überfordert immer mehr Menschen. Zu dieser „Vereinfachung" trägt auch eine **auf Konsistenz, Kontinuität und Konsequenz aufbauende Markenführung** bei, die auf Glaubwürdigkeit und Authentizität abzielt – und nicht bei der Marke alleine stehen bleibt. Schließlich führt die umfassende Transparenz, die über das Internet erreichbar wird, dazu, dass immer stärker auch das Unternehmen hinter der Marke in den Mittelpunkt rückt. Eine hohe Glaubwürdigkeit und Authentizität der Marken ist dann eine notwendige Bedingung, um eine gleichartige **Corporate Reputation** aufzubauen (vgl. vertiefend Wüst und Kreutzer 2013).

4.6 Gestaltungsfeld „Mut"

Überzeugende Erfolgsstrategien und Erfolgskonzepte für eine digitale Markenführung sind noch nicht entwickelt. Und man muss annehmen, dass es auch längerfristig nicht gelingen wird, weil sich das Umfeld und auch Präferenzen der Zielgruppen laufend ändern. Das Internet ermöglicht Unternehmen und Nutzern eine Arbeit mit einer solchen Vielzahl von Freiheitsgraden bei der konzeptionellen Ausgestaltung, dass Wandel das einzig Stabile sein wird. Deshalb gilt: Jedes Unternehmen ist aufgefordert, mehr oder weniger umfassende **Fingerübungen bei der digitalen Markenführung** zu machen. Dabei tun Unternehmen gut daran, sich an der **Goldenen Regel der Marketing-Kommunikation – 70:20:10 –** zu orientieren (vgl. Abb. 4.20). **70 % des Kommunikationsetats** sollten für **bekannte Medien und Kanäle** eingesetzt werden, die sich bereits in der Vergangenheit bewährt haben. **20 % des Etats** sollten für die **Optimierung des bestehenden Media-Mixes** eingeplant werden. Schließlich sollten **10 % des Etats** für **innovative Formate, Konzepte und/oder Kanäle** verwendet werden, um kreatives Neuland – vorsichtig – zu erschließen. Hier gilt es – basierend auf der Listen – Learn – Act – Control-Konzeption – eine kontinuierliche Verbesserung der eigenen Kommunikationsmaßnahmen sicherzustellen, gemäß der Leitidee: Hinter den Grenzen beginnt das Wachstum!

Die Nutzung unterschiedlichster Formen von **Markt-, Marken- und Marketing-Forschung** sowie die **Einbindung der Crowd** in die Markenarbeit dürfen dabei nicht dazu führen, dass – wie bereits angedeutet – die Verantwortung für Markenführung von den Managern an andere verlagert wird – ganz im Gegenteil. Die Arbeit an einer identitätsbasierten Markenführung setzt den **Mut der Manager**

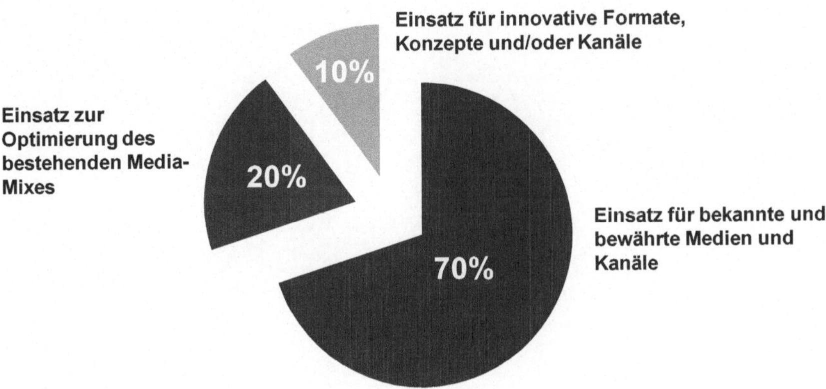

Abb. 4.20 Goldene Regel der Marketing-Kommunikation – 70:20:10

nach wie vor zwingend voraus. Dabei gilt auch, dass die Aufgaben der Markenführung immer komplexer und deshalb anspruchsvoller werden. Denn wenn die Welt und der Arbeits- und Handlungsalltag der Kunden immer komplexer werden, sollte – ja muss – die Marke den geforderten Beitrag zur Komplexitätsreduktion tragen. Das bedeutet, dass die Manager im Zuge der Markenführung ein höheres Maß an Komplexität meistern müssen, um die Marke dann – in den Augen der Kunden – als in sich stimmig und „einfach" (aber gleichzeitig werthaltig) wahrzunehmen.

Verankerung der (digitalen) Markenführung

5

Eine Orientierung an der o. g. Goldenen Regel hilft bei der Beantwortung der Frage, welche digitalen Angebote bei den eigenen Zielgruppen zum Einsatz kommen sollten. Dieser gesamte Prozess ist zielorientiert auszugestalten, um einen „Ansatz à la Jugend forscht" zu vermeiden. Dabei liefert das **Social-Media-Haus** eine wichtige Orientierungshilfe (vgl. Abbildung 5.1). Voraussetzung für jegliche Maßnahmen ist zunächst eine umfassende **Analyse des Status quo der Nutzung der sozialen Medien** durch die relevanten Zielgruppen sowie die einschlägigen Wettbewerber. Darauf basierend kann eine **Social-Media-Konzeption** erarbeitet werden – inkl. der **Markenziele,** die erreicht werden sollen. Ganz entscheidend ist die Frage, ob die eigene Marke genug **Substanz** bietet, um attraktive und damit für die Nutzer relevante Inhalte zu liefern. Ohne überzeugende Substanz wird kein Social-Media-Engagement gelingen. Folglich gilt: „Content is King!" – und nicht alleine die erreichte Reichweite. Letztere ist nur die notwendige Bedingung für eine erfolgreiche Kommunikation, aber alleine nicht ausreichend, damit die Online-Nutzer „am Ball bleiben".

Bei der Auswahl der Kanäle gilt: **Fish were the fish are!** Hier sollten und müssen wir uns von den Präferenzen der Nutzer lenken lassen. Basierend auf diesem Wissen können die relevanten Kanäle der sozialen Medien „bespielt" werden. Bei der Entwicklung und insb. bei der Umsetzung einer Social-Media-Konzeption (inkl. der organisatorischen Verankerung sowie der Schulung der Mitarbeiter) ist darauf zu achten, dass es nicht nur zu einer zielgruppenorientierten **Vernetzung der einzelnen sozialen Medien** kommt, sondern auch zu einer **Vernetzung mit**

© Springer Fachmedien Wiesbaden 2015
R. T. Kreutzer, W. Merkle, *Ausgewählte Aspekte des Digital Branding,* essentials,
DOI 10.1007/978-3-658-09210-8_5

Abb. 5.1 Social-Media-Haus – Prozess zur Fundierung der digitalen Markenführung

den weiteren kommunikativen Maßnahmen der Marke. Nur dadurch kann ein in sich **schlüssiger Gesamtauftritt der Marke** erreicht werden.

Bei der Ausgestaltung der einzelnen Medienbereiche ist zwischen verschiedenen Kategorien zu unterscheiden. Die in der Verantwortung der Unternehmen selbst liegenden Online-Aktivitäten werden als **Owned Media** bezeichnet (vgl. Abbildung 5.2). Hierzu gehören u. a. die Corporate Website, die E-Kommunikation sowie ein Online-Shop. Auch die Angebote zur Kommunikation mit den Nutzern über den eigenen Corporate Blogs und eigene Foren und Communitys gehören dazu. Die von den Unternehmen generierten Präsenzen auf Plattformen von *Twitter, Facebook, YouTube, Pinterest* und *Google +* werden häufig auch zu Owned Media gerechnet, obwohl die Unternehmen dort nur ein Nutzungsrecht haben und an den sich entwickelnden Strukturen und Daten kein Eigentum erwerben. Diese Medien gilt es zielorientiert zu managen (Stichwort: **Manage**).

Davon ist der Bereich **Paid Media** abzugrenzen, der die Maßnahmen beschreibt, die Unternehmen bei Drittpartnern einkaufen. Beispiele hierfür sind Banner und Sponsored-Links. Auch die zunehmend angebotenen Möglichkeiten, „hervorgehobene Beiträge" bei *Facebook* zu erreichen – als euphemistische Umschreibung für „Paid Posts" fallen in diese Kategorie. Neuste Studien zeigen, dass inzwischen nur noch 6 % der Posts an die eigenen Fans von *Facebook* zugestellt werden. Damit wird *Facebook* in immer stärkerem Maße zu Paid Media. Die Ursache hierfür ist erneut die große Informationskonkurrenz, weil jedem *Facebook*-Nutzer heute täglich ca. 1.500 Neuigkeiten präsentiert werden könnten (vgl. Löhr 2014b, S. 22).

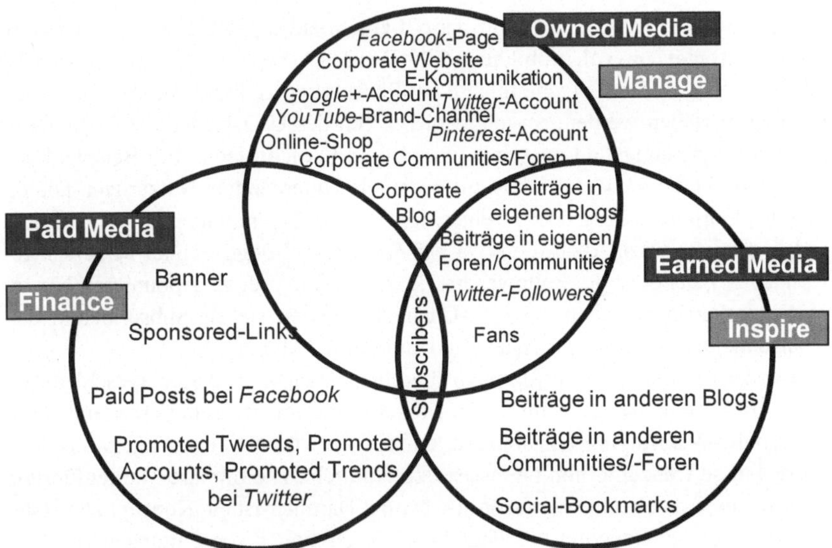

Abb. 5.2 Überblick über verschiedene Medien-Klassen

Nur wer bei *Facebook* bezahlt, wird in Zukunft im Newsfeed aller Fans sichtbar sein. Analog verhält es sich bei den „Promoted Tweets", den „Promoted Accounts" und den „Promoted Trends", die *Twitter* anbietet. Hier kann gleichsam von **Social-Media-Briefmarken** gesprochen werden, mit denen Unternehmen ihre Botschaften frankieren müssen, damit diese umfassend zugestellt werden. Möchte ein Unternehmen einen über die Funktionalität des Brand Channels hinausgehenden „Custom Brand Channel" bei *YouTube* aufbauen, ist hierfür ebenfalls zu bezahlen. Der Zugriff auf diese Möglichkeiten ist deshalb nur eine Frage des verfügbaren Budgets (Stichwort: **Finance**).

Die dritte Kategorie **Earned Media** bezeichnet die Plattformen sowie insb. die Inhalte, die Unternehmen sich durch ihre Aktivitäten – im Guten wie im Schlechten – von den Internet-Nutzern verdient haben. Hierbei handelt es sich um User-Generated-Content in unterschiedlichen Ausprägungen. Dazu zählen bspw. Social-Bookmarks sowie Beiträge in unternehmensfremden und -eigenen Blogs, Foren und Communitys. Eine wichtige Voraussetzung, um einen hohen (positiven) Anteil im Bereich Earned Media zu erreichen, ist es, sich die Aufmerksamkeit sowie eine Beteiligung in den sozialen Netzen zu verdienen. Neben dem notwendigen Investment von Zeit und Geld gehört dazu insb. auch die Fähigkeit, gute Geschichten zu erzählen. Das Stichwort lautet deshalb hier: **Inspire**.

Viele weitere Inhalte liegen in den **Überschneidungsfeldern verschiedener Media-Kategorien** (vgl. Abbildung 5.2). Werden bspw. Nutzer durch Mitmach-Aktionen aufgefordert, eigene Inhalte auf Plattformen zu kreieren, die von Unternehmen betrieben werden, so gehört dieser Teil des User-Generated-Contents in das Überschneidungsfeld zwischen Owned und Earned Media. Ein Beispiel hierfür liefert *Tchibo Ideas*. Gleiches gilt, wenn ein Unternehmen Nutzer zum Dialog in einen Corporate Blog oder in eigene Foren und Communitys einlädt und dem Folge geleistet wird. Auch die etwa bei *Facebook, Google +* oder *Pinterest* gewonnenen Fans oder die Follower bei *Twitter* gehören dazu. Abonnieren Nutzer einen markenspezifischen *YouTube*-Channel, gehören sie als Subscriber in den Überschneidungsbereich zwischen Paid und Earned Media.

Um zu ermitteln, wie erfolgreich die eigene Marke in diesen verschiedenen Kategorien ist, ist das gesamte Social-Media-Engagement in ein umfassendes **Social-Media-Monitoring** einzubinden, um die – erwünschten und unerwünschten – Ergebnisse frühzeitig und umfassend zu ermitteln. Die digitale Markenführung erfordert eine regelrechte **Newsroom-Lösung**. Darunter ist ein Konzept zu verstehen, bei dem – analog zum Vorgehen in den Redaktionen von Zeitungen und TV-/Radio-Kanälen – alle aktuellen Meldungen zur Marke an einer zentralen Stelle zusammenlaufen, um schnell und konsistent darauf reagieren zu können. An diesem Ort können die Inhalte der Kommunikation in den sozialen Medien, aus einem Customer-Service-Center sowie aus dem Web-Monitoring zusammengeführt und in Verbindung mit den weiteren Herausforderungen des Marktes analysiert werden. Dann gilt es, die zentralen Themen zu definieren und die zu ihrer Bearbeitung relevanten Kanäle und konkreten Inhalte unternehmensweit abzustimmen. Auf diese Weise kann der vielfach geforderte **360°-Blickwinkel auf die Märkte** sichergestellt werden.

Nur so können ein **konsistente Kommunikation** sowie gleichzeitig ein kontinuierlicher **unternehmensinterner Lernprozess** sichergestellt werden. Allerdings kann das nur dann gelingen, wenn noch mehr als nur die vom *Deutschen Dialogmarketing Monitor* ausgewiesenen 42 % tatsächlich auch die **Aktivitäten des externen Online-Marketings** auswerten (vgl. Deutsche Post 2013, S. 80). Da viele Bereiche des Online-Marketings für die Mehrheit der Unternehmen tatsächlich noch Neuland darstellen, erfordert die digitale Markenführung ein **Budget für „Forschung und Entwicklung"**. Es darf, es sollte, ja es muss experimentiert werden – und hierfür sind die notwendigen Mittel bereitzustellen.

- Verschafft einen Überblick über die Rolle des User-Generated-Contents in Bezug auf die Brand Identity und das Brand Image im digitalen Zeitalter sowie die damit verbundene signifikante Verschiebung der Machtverhältnisse bei der Markenführung zwischen internen und externen Stakeholdern.
- Zeigt, dass das Beziehungsmanagement einen wichtigen Bestandteil der (digitalen) Markenführung darstellt und demonstriert die Bedeutung des Zuhörens als Beginn eines wertschätzenden Dialogs.
- Erläutert die vier Ks Kontinuität, Konsistenz, Konsequenz und Kompetenz im Rahmen des kanalübergreifend stimmigen (digitalen) Auftritts einer Marke.
- Demonstriert die fundamentale Bedeutung des schlüssigen Gesamtauftrittes einer Marke.
- Verschafft ein Verständnis für die verschiedenen Medien-Klassen Owned, Paid und Earned Media sowie deren Überschneidungsfelder.

© Springer Fachmedien Wiesbaden 2015
R. T. Kreutzer, W. Merkle, *Ausgewählte Aspekte des Digital Branding,* essentials,
DOI 10.1007/978-3-658-09210-8

Literaturverzeichnis

Audi. (2013). Audi Social Reader. http://socialreader.audi.de/#feed. Zugegriffen: 27. März 2014

Baumgarth, C. (2008). *Markenpolitik. Markenwirkungen – Markenführung – Markencontrolling.* Wiesbaden: Gabler.

BITKOM. (2012). *Social Media in deutschen Unternehmen.* Berlin: BITKOM.

BizTravel. (2013). O'Leary will Kunden-Service verbessern. biztravel.fvw.de/ryanair-oleary-will-kunden-service-verbessern/393/124361/4070. Zugegriffen: 16. Okt. 2013.

Dell. (2014). Social Media Command Center. http://dell.com/learn/us/en/uscorp1/videos~en/documents~dell-social-media-command-center.aspx. Zugegriffen: 11. April 2014.

Deutsche Post. (2013). Dialogmarketing Deutschland, Dialog Marketing Monitor, Studie 25, Bonn.

Die Firma. (2014). Digitale Markenführung, Web Style: Neue Wege zum guten Image. http://diefirma.de/fileadmin/user.../df3_fs_digitale_markenfuehrung.pdf. Zugegriffen: 30. April 2014.

Disselhoff, F. (2011). Die peinlichsten Facebook-Pannen. http://meedia.de/internet/die-peinlichsten-facebook-pannen/2011/06/06.html. Zugegriffen: 6.Juni 2011.

Facebook. (2014). We Wore What?, We Wore What? www.facebook.com/pages/We-Wore-What/122885757817444. Zugegriffen: 26. Jan. 2015

Fan Page List. (2014). Top Brands on Facebook. http://fanpagelist.com/category/brands/. Zugegriffen: 26. März 2014.

Hermes, V. (2011). Wer führt die Marke. *absatzwirtschaft Marken.* S. 34–40.

Hill, K. (2010). Names You Need to Know in 2011: Chief Listening Officer. http://forbes.com/sites/kashmirhill/2010/11/19/names-you-need-to-know-in-2011-chief-listening-officer. Zugegriffen: 14. April 2014.

IBM. (2011). *From social media to Social CRM.* New York:IBM.

Instagram. (2014). Weworewhat. http://instagram.com/weworewhat#. Zugegriffen: 26. März 2014.

Interbrand. (2014a). Best Global Brands 2013. http://interbrand.com/en/best-global-brands/2013/Best-Global-Brands-2013.aspx. Zugegriffen: 26. März 2014.

Interbrand. (2014b). Best Global Brands 2012. http://interbrand.com/en/best-global-brands/previous-years/2012/Best-Global-Brands-2012.aspx. Zugegriffen: 26. März 2014.

© Springer Fachmedien Wiesbaden 2015   45
R. T. Kreutzer, W. Merkle, *Ausgewählte Aspekte des Digital Branding,* essentials,
DOI 10.1007/978-3-658-09210-8

Kreutzer, R. (2009). *Praxisorientiertes Dialog-Marketing. Konzepte – Instrumente – Fallbeispiele*. Wiesbaden: Gabler.

Kreutzer, R. (2014). *Praxisorientiertes Online-Marketing. Konzepte – Instrumente – Checklisten*. Wiesbaden: Gabler.

Lassy, J. (2013). Studie: Höhere Umsätze durch Nutzung von Social Media. (2. April 2013). http://agitano.com/studie-hoehere-ertraege-durch-nutzung-von-social-media/52230. Zugegriffen: 23. März 2014.

Löhr, J. (2014a). Werbung zum Wegklicken (15. April 2014). Frankfurter Allgemeine Zeitung, S. 15.

Löhr, J. (2014b). Facebook? Gefällt nicht mehr so gut. (10. April 2014). Frankfurter Allgemeine Zeitung, S. 22

Mattgey, A. (2013). Digitale Markenführung: Das können Sie von Axe und dm lernen. http://lead-digital.de/aktuell/social_media/digitale_markenfuehrung_das_koennen_sie_von_axe_und_dm_lernen. Zugegriffen: 28. April 2014.

Mayer-Johannsen, U. (2007). *Über Identität*. Berlin: MetaDesign.

McKendrick, J. (2013). Coca-Cola reports no impact from social media 'buzz': surprise?, http://smartplanet.com/blog/bulletin/coca-cola-reports-no-impact-from-social-media-8216buzz-surprise/15615. Zugegriffen: 29. Mai 2014.

Moth, D. (2013). The top 16 social media fails of 2013. (29. November 2013). http://econsultancy.com/blog/63901-the-top-16-social-media-fails-of-2013. Zugegriffen: 26. März 2014.

o. V. (2013). *Ryanair-Chef auf Twitter* „Wir fliegen mit Bullshit". Handelsblatt. http://handelsblatt.com/unternehmen/handel-dienstleister/ryanair-chef-auf-twitter-wir-fliegen-mit-bullshit-seite-all/8968550-all.html. Zugegriffen: 22.10.2013.

Peppers, D., & Rogers, M. (2011). *Managing customer relationships. A strategic framework*. Hoboken: Wiley.

Pinterest. (2014). weworewhat. http://pinterest.com/weworewhat. Zugegriffen: 26. März 2014.

Qmee. (2013). What happens online in 60 s, blog. http://qmee.com/qmee-online-in-60-seconds/. Zugegriffen: 15. April 2104.

Statista. (2014). Welche Herausforderungen sind bei der Messung des Return on Social Media besonders relevant? http://de.statista.com/statistik/daten/studie/272681/umfrage/umfrage-zu-den-herausforderungen-bei-der-messung-des-return-on-social-media/. Zugegriffen: 26. März 2014.

Storey, K. (2013). The rise of the power blogger. http://nypost.com/2013/09/05/the-rise-of-the-power-blogger/. Zugegriffen: 26. März 2014.

Syncapse. (2010). The Value of a Facebook Fan: An empirical review. (4. Januar 2012). http://de.slideshare.net/adamlewis1000/syncapse-valueofafacebookfan-10797254. Zugegriffen: 26. März 2014.

Syncapse. (2013). The Value of a Facebook Fan 2013. (17. April 2013). http://syncapse.com/value-of-a-facebook-fan-2013/. Zugegriffen: 26. März 2014.

Tchibo. (2014). Tchibo Ideas. http://tchibo-ideas.de/das-konzept. Zugegriffen: 6. Juni 2014.

Twitter. (2014). WeWoreWhat. http://twitter.com/WeWoreWhat. Zugegriffen: 26. März 2014.

Völker, B. (2014). Digitale Strategien. Vortrag auf dem 10. IICO, Berlin, 5. Mai 2014

Wüst, C., & Kreutzer, R. (Hrsg.). (2013). *Corporate reputation management. Wirksame Strategien für den Unternehmenserfolg*. Wiesbaden: Gabler.